うれしい食卓

小さな町の料理教室
Relishのごはんレシピ

森かおる

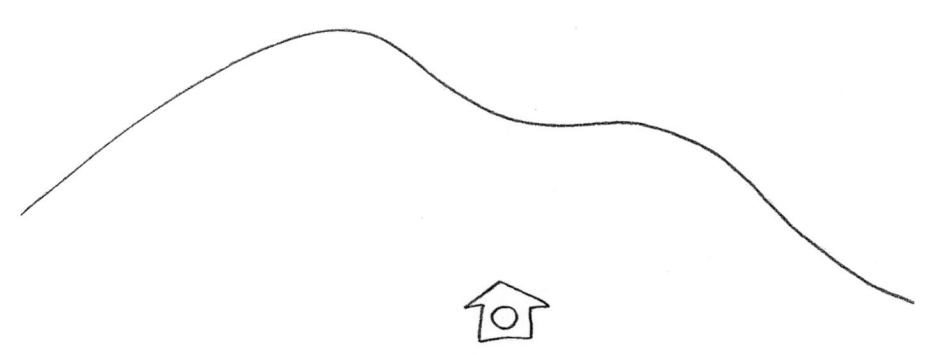

はじめに

私が子どもの頃の食卓。それはとてもシンプルなものでした。焼き魚に切り干し大根の炊いたん、わかめとお揚げさんのお味噌汁にお漬けもん。洋食といえば何となくいびつな形のコロッケが大きなお皿に山盛りになり、親戚が来るという日はちょっと豪華な和洋中入り混じったご馳走（？）でした。フルタイムで仕事をしていた母は、料理を作るのに時間もかけられなかったし、決して料理が得意でもなかったけれど、食卓にはいつも手作りの晩ごはんが並んでいました。

休みの日には自転車に買い物かごを積んで市場に行っていました。なんでもないだみ声の八百屋のおっちゃんは、時々ついていく私にぶどうをくれたりしていました。私は母の買い物カゴの中を覗いて、「今日の晩ごはんは何かな？」そんなわくわくした思いを巡らせました。そして夕方には台所からおかずのいい匂いが漂って……。今より不便だったし地味な時代だったけれど、家で普通にお茶を沸かして、ご飯を炊いて、おかずを作ってみんなでいただいた、そんな特別じゃない食卓にはぬくもりがあったように思うのです。戻ってみてもいいのかな、ちょっと前のその頃に。

あれから何年経ったのでしょう。食生活もずいぶん変化し、食べたいものを食べられないアレルギーの子どもたちも増えてしまいました。間違いなく地球環境の悪化、生活環境の変化、いろいろな原因が影響しているのだろう、ぐらいのことは素人の私にだってわかります。医者でも学者でもない私が、これから大人になる子どもたちにしてあげられること、そんなことがあるんやろか……。そんな、誰から

頼まれたわけでもない余計なおせっかいな気持ちが湧いてきたのは、私自身、子どもを産み育てる中で、食に対する考え方が変わったからかもしれません。

母乳が運良く出た私は離乳食をはじめるとき、腕の中でおっぱいをたっぷり飲んで日に日に大きくなる息子に何を食べさせればいいのかわかりませんでした。母乳は正真正銘の自然食品だけど……。ベビーフードはネーミングも気に入らなかったし、何が使われているかわからないので、離乳食はいつもおだしで野菜をぐちゃぐちゃに煮たものが中心でした。せめてしっかり栄養が採れて、しっかりいらないものがウンチとして出せる体にしてやりたいと思っていました。当たり前に食べている毎日のごはんがわが子の成長、未来にとってどれだけの影響を及ぼすものなのか。いずれ大人になり、ひとりの人間として生きていく子どもたちにとって、時代が少しでもいい時代であるように、母として、主婦として、働く女性としてできることが料理教室だったのかもしれません。

この本のレシピは、私が主宰する「レリッシュ」でお教えしている料理です。忙しい、だけど手作りはしたい。そんなジレンマに私自身も悩んだ経験があります。だから手早く無駄なく作れて身体にやさしく、そして普段に使いやすい、親しみやすいメニューを選びました。一見手間がかかりそうに思える料理も、一度作ってみることで「なーんだこんなに簡単にできるんだ」ということがわかってもらえれば、料理はとても楽しくなってくると思うのです。料理教室を通して、食べることの大切さと作ることの楽しさを伝えていくことができれば幸せです。

Relish（レリッシュ）とは

約10年前、自宅で予約制のカフェと料理教室をはじめたのがレリッシュの前身です。本格的に料理教室をやっていこうと思った時に、今の場所を選びました。自宅以外のキッチンで、でも自宅のような温かい雰囲気で、という思いがありました。しかし仕事としてはじめるからには相当な覚悟がいりました。

雑貨も現在ほどたくさんのアイテムを仕入れていたわけではなく、オープン当初はとてもお店なんて呼べるような代物ではありませんでした。

ただ、私が「こんな教室だったら習ってみたいな」と思えるスペースにしたいという気持ちはあったので、当初は友人知人に声をかけてはじめてもらった6講座のみのレッスンも、多くの先生方との出会いもあって、今では15講座に増えました。食からはじまって、日々の暮らしを楽しませてくれるレッスンを、毎日日替わりで行っています。

料理教室は主な3つのコースに分かれています。
定番のメニューで構成している「おうちのごはん」コース。
ワンプレートで盛りつける「おうちカフェ」コース。
特別な日の華やかで楽しい「カジュアルおもてなし」コース。
それぞれ1クラス4〜12人のアットホームな雰囲気で、保存食やお弁当などの特別レッスンも、季節に合わせて開催しています。

また、生活雑貨のスペースでは調理道具や調味料、作家さんの作品などを扱うほか、地元の友人夫婦が作る新鮮な野菜、京都山城の無農薬のお茶、隣町の授産施設の焼きたて無添加パン、和歌山で養蜂業を営む老夫婦の蜂蜜、そのほか大切に作ってくださっていることがわかる、毎日に必要な物の、ほんの一部を販売しています。

目次

はじめに ……2
Relish（レリッシュ）とは ……4

「おうちのごはん」コース

～おかず～

おいもコロッケ ……10
さばの味噌煮 ……12
肉じゃが
鶏のから揚げ ……14
麻婆豆腐 ……16
手羽先と小いもの煮物 ……18
ハンバーグ ……20
いわしのしょうが煮 ……21
いわしの天ぷら ……22
かれいの煮つけ ……23
豚肉となすの味噌炒め ……24
エビのチリソース ……25
エビフライ ……26
イカとチンゲン菜の炒めもの ……27
ミニレッスン&レシピなど
タルタルソース ……28
スルメイカのさばき方・足の処理
エンペラ&足のにんにく炒め ……29

～小鉢～

きんぴらごぼう ……32
なすと三度豆の炊いたん
大根のそぼろあんかけ ……34
ホタテとアスパラの酢味噌和え ……35
たこときゅうりの酢の物 ……36
三度豆の黒ごま和え ……36
ほうれん草とひじきの白和え ……38
ゆず大根 ……38
たけのこともやしのラー油和え ……38
ひじきの炊いたん ……40

～汁物～

コーンの中華スープ ……41
レタスときのこのスープ ……42
あさりとトマトのスープ ……42
ほうれん草の白味噌ポタージュ ……44
小松菜の味噌汁 ……45
ちくわと三つ葉のお吸い物 ……46
オクラととろろ昆布のお吸い物 ……46
根菜たっぷり豚汁 ……46
粕汁 ……48 ……50

「おうちカフェ」コース

和風 和みプレート

プレートその1
じゃこひじきご飯
さつまいもの味噌汁
鶏の照り焼き山椒風味
しいたけと貝割れのサラダ
きなこアイスクリーム ……56

洋風 元気プレート

プレートその2
ガーリックトースト オレガノ風味
かぼちゃとにんじんのポタージュ
ベーコンときのこのグラタン
豆まめサラダ
オレンジヨーグルト ……60

アジアン くつろぎプレート

プレートその3
桜エビと松の実のご飯
チンゲン菜と松の実のスープ
あじのカリッと揚げ
春雨ときゅうりのサラダ
シナモンバナナ ……64

ください。また、油は揚げる前に適温になるまで熱しておいてください。
※適温の目安は、衣を油の中に落としてみて半分くらいの深さまで沈み、すぐに浮き上がる状態です（沈まずに表面で固まる＝高すぎる　沈んだままなかなか浮いてこない＝低すぎる）。
●パン粉について……この本ではドライを使う場合の作り方を記載しています。生パン粉を使用する場合は水で湿らせずに使ってください。
●根菜の茹で方について……水から茹でるのが基本ですが、だし汁で煮る場合は完全に冷まさなくても、粗熱がとれれば使えます。
●道具について……「ゴムベラ」や「厚手の鍋」など、最も使いやすいおすすめの道具がある時に限り、あえて記載しています。記載のないときはご家庭で使いやすいものをお使いください。
●フライパンについて……この本では鉄のフライパンを使用する作り方を記載しています。テフロン加工のものを使用する場合は空焚きしないように気をつけてください。
●ゴムベラについて……この本では高温時でも使える耐熱性のゴムベラを使用する作り方を記載しています。
●電子レンジについて……電子レンジを使う方が手早くできて失敗も少ない場合のみ、電子レンジ（700w）を使う工程を記載しています。
※卵を加熱する場合は、耐熱ボウルに割り入れて白身部分をしっかりとほぐしておくと、破裂しにくくなります。

「カジュアルおもてなし」コース

春 ……72
- カレーポテトオムレツ
- キャベツとベーコンの重ねスープ煮
- ローズマリーチキンスティック
- 春野菜のサラダパスタ
- いちごのミニケーキ

夏 ……76
- レタスと豚肉の生春巻き
- ザーサイチャーハン
- エビの水餃子
- ガーリックじゃこのせ冷や奴
- 黒ごまだんごのココナッツミルクがけ

秋 ……80
- 鶏だんごの味噌鍋
- 秋なすのひと口田楽
- さつまいもとりんごのジンジャーソース

冬 ……84
- 春菊のサラダ
- ローストビーフ
- カニクリームコロッケ
- 小かぶとしいたけのスープ煮
- カスタードプリン

スペシャルレッスン サラダ編 ……90
- 蒸し鶏のサラダ
- サイコロまぐろのサラダ
- トマトとイカとセロリのサラダ
- 白菜マリネ
- きゅうりとポテトのサラダ
- かぼちゃとチーズのサラダ
- 小かぶとキドニー豆のサラダ
- 水菜と豆腐の梅サラダ

スペシャルレッスン アレンジご飯編 ……96
- 水菜のサラダ寿司
- 鶏とごぼうの炊き込みご飯
- セロリの中華風おかゆ
- 鰻ときゅうりのさっぱりちらし
- トマトソースのドリア
- 枝豆ドライカレー
- オムライス
- 木の葉丼

スペシャルレッスン ごはんのとも編 ……104
- ぬか漬け
- しいたけ昆布
- 梅干味噌
- 鮭のふりかけ
- 鶏そぼろ
- おじゃこの佃煮
- ちりめん山椒

教室トーク
- その1 おだしとスープについて ……30
  - ミニレシピ 魚だしの佃煮
- その2 基本の調味料・油・スパイス ……52
- その3 味わいを高める香味野菜たち ……68
  - ミニレシピ にんにくチップ／しょうがの甘酢漬け／バジルペースト
- その4 毎日活躍のキッチングッズ ……88

おわりに……110

この本で料理を作る皆さまへ

- ★マーク：教室でお話ししている調理の詳しい解説など
- ⌂マーク：掲載レシピのアレンジ方法やアドバイスなど

- 1カップとは200ccのことです。
- 大さじ1とは15ccのことです。
- 小さじ1とは5ccのことです。
- 材料のA、Bは合わせ調味料です。前もって混ぜておいてください。
- オーブンを使う場合は、あらかじめ温めておいてください。

- 材料の分量・大きさについて……この本では撮影時の分量や大きさを記載していますが、野菜などの材料は季節や産地によって多少の大きさの違いがあるので、材料の形などを見て調整してください。肉の分量は下処理をする前の分量を記載しています。
- 調味料について……この本で「しょうゆ」と記載している場合は、こい口しょうゆのことです。その他に関してはP.52〜53を参照してください。
- ドレッシングやソースについて……ドレッシングやソースなどは、使う野菜の大きさなどによって味の濃淡が多少変わってきます。各調味料の分量比率を合わせ、量は材料の形などを見て調整してください。
- 揚げ油について……あえて記載がない場合はサラダ油を使用してく

「おうちのごはん」コース
〜家族で囲むいつもの食卓のごはんレシピ〜

特別ではなく、毎日のごはんを想定したコースが「おうちのごはん」。教室では、ご飯に合うおかず、小鉢、汁物の3品を作っています。

ハンバーグやひじきの煮物など、メニューはとてもスタンダード。その分、野菜の切り方や下ごしらえの工夫など手早く、無駄なく、おいしく作るコツをたくさん盛り込んでいます。

「こんなに簡単に作れるなんて……」
「主人がおいしいと喜んでくれた……」と、皆さん一度は作ったことがあるものばかりでも作り方や味わいに新たな発見があるようです。

何よりも、毎日続けられるごはん作りのためのレシピです。
「繰り返し作っています」という生徒さんのようにあなたのお家の定番メニューのひとつになったら、うれしいです。

さつまいもの甘みが隠し味。
おいもコロッケ

○材料(4人分)
合びき肉 ……… 150g
じゃがいも(中) ……… 2個
さつまいも(小) ……… 1個
玉ねぎ ……… 1個
卵(溶いておく) ……… 3/4個(残りの1/4は衣に使う)
パン粉 ……… 適量
塩・コショウ ……… 各少々
ナツメグ ……… 少々
サラダ油 ……… 適量
揚げ油 ……… 適量(コロッケが半分つかる程度)
A ┌ 小麦粉 ……… 約1/2カップ
  │ 水 ……… 適量
  └ 卵(溶いておく) ……… 1/4個

○作り方
1. 玉ねぎはみじん切りにする。
2. 合びき肉に塩・コショウとナツメグを加え軽く混ぜる。
3. 熱したフライパンにサラダ油をひき、1と2を炒める。
4. じゃがいもは4つ切りに、さつまいもは輪切りにしてそれぞれ皮をむき、いっしょに茹でる。…*
やわらかくなったら茹で汁を捨て、弱火で水分を飛ばして粉ふきにし、マッシャーでざっくりとつぶす。
5. 3と4を混ぜ合わせ、粗熱が取れたら卵の3/4を加えて混ぜ、12等分して小判型に形を整え、Aにくぐらせる。…**
6. 5に、水で湿らせたパン粉をまぶし、中火でひっくり返しながら2〜3分揚げ、皿に盛る。…***

粉ふきにするとホクホクに!
いもはつぶす前に、鍋蓋を少しずらして茹で汁を捨て、蓋をしたまま鍋をゆすり、弱火にかけて粉ふきにします。こうすると、仕上がりが水っぽくなりません。

*…じゃがいもやさつまいもはデコボコしているので、切ってからの方が皮をむきやすい。

**…(上)Aは小麦粉の量で調節しながら、写真のようにトロンとなるくらいによく混ぜる。(下)Aにくぐらせる時はフォークを使うとやりやすい。

***…パン粉は湿らせると焦げにくくなるので、水でぬらした手で軽く数回もんでおく(霧吹きで2〜3回吹きかける程度の湿り気がベスト)。

🏠 …卵以外は火が通っているので、中火でさっと揚げれば大丈夫。お好みで、ケチャップととんかつソースを混ぜた簡単ソースといっしょにいただいてもおいしいです。

フライパンで作る本格煮魚。
さばの味噌煮

○材料（4人分）
生さば（2枚におろしたもの）………… 1尾分
絹さや ……… 12枚
昆布 ……… 5cm

A ─ 砂糖 ……… 大さじ2〜3
　│ 酒 ……… 1/4カップ
　│ みりん ……… 大さじ2
　│ 味噌 ……… 大さじ3
　└ 水 ……… 大さじ3

○作り方
1. さばは片身を2〜3等分に切り、皮目にナナメ十文字に切れ目を入れて水気を拭き取る。…*
2. 絹さやは筋を取る。
3. フライパンに昆布を敷き、**A**を入れて沸騰させる。…**
4. 3にさばの身側を下にして入れ、アルミ箔で落とし蓋をし、さらに鍋蓋をして弱火で10分ほど煮る。この時、絹さやはアルミ箔の上に並べて同時に蒸す。
5. 火が通ったら絹さやを取り出し、フライパンをゆすって煮汁を皮目のほうにかけ、照りをつける。…***
6. 器に盛り、絹やを添える。

アルミ箔の落とし蓋は一石二鳥！
アルミ箔で落とし蓋をすると空間が狭くなり、少ない煮汁でも作れます。また、その上の鍋蓋が水蒸気を閉じ込めるので短時間で火が通ります。添える野菜はわざわざ茹でなくても、アルミ箔の上で蒸せば簡単にできます。

*…切れ目を骨まで深く入れると、火の通りが早くなり味も染み込む。

**…フライパンなら底面積が広いので、さばが重ならずに煮える。

***…煮魚はひっくり返すとくずれてしまうので、煮汁をまわしかけて味を染み込ませる。

🏠…添える野菜は彩りのよい季節の野菜を。葉物やキノコ類など、冷蔵庫の余り野菜を使い切るのもいいですね。

手早くできて煮くずれしない。
肉じゃが

○材料(4人分)
牛こま切れ肉 ………… 200g
じゃがいも ………… 2個
にんじん ………… 1本
玉ねぎ ………… 1個
しらたき ………… 1袋
三度豆(いんげん) ………… 8本
サラダ油 ………… 適量

A ┌ だし汁 ………… 1/2カップ
  │ 砂糖 ………… 大さじ3
  │ しょうゆ ………… 大さじ3
  └ みりん ………… 大さじ2

○作り方
1. じゃがいもは6等分に切り、皮をむきながら面取りし、水にさらしてザルにあげる。
2. にんじんは皮をむき、乱切りにして水にくぐらせる。
3. 玉ねぎは軸を残したままくし切りにする。
4. しらたきはさっと茹で、適当な長さに切る。
5. 三度豆は筋を取り、2~3等分にナナメに切る。
6. 厚手の鍋に油をひいて牛肉を炒め、火が通ったら一旦取り出しておく。
7. 6の鍋に1~4を入れ、油をまわすように中火で軽く炒めたら、Aを加え牛肉をのせる。アルミ箔で落とし蓋をし、さらに鍋蓋をして強火にする。…*
8. 沸騰したら軽く混ぜ、弱火にして10分ほど煮る。この時、三度豆をアルミ箔の上に置いて同時に蒸す。…**
9. 三度豆を加えてざっくり混ぜ、さらに5分ほど煮込んだら器に盛りつける。

*…二重に蓋をすると少ない煮汁で煮ることができる(P.12参照)。

**…同時に調理できるので効率アップ!(P.12参照)

玉ねぎは溶けないように煮る。

玉ねぎは完成時に溶けて形が消えてしまわないように、軸をつけたまま、くし切りにして煮ます。こうすると途中で多少バラバラになっても、溶けずに形が残り、見栄えも美しく仕上がります。

中身はしっとり、衣はカリッと！
鶏のから揚げ

○材料（4人分）
鶏もも肉 ……… 2枚（約550g）
小麦粉 ……… 大さじ3〜4
揚げ油 ……… 適量（肉が半分つかる程度）
レモン ……… 適宜

A ┌ 卵 ……… 1個
　├ しょうが（すりおろす） ……… 1片
　├ にんにく（すりおろす） ……… 1片
　├ しょうゆ ……… 大さじ2
　├ 片栗粉 ……… 大さじ3
　├ ごま油 ……… 大さじ1
　├ 紹興酒 ……… 小さじ1
　├ 豆板醤 ……… 小さじ1
　├ 塩・コショウ ……… 各少々
　└ ローリエ ……… 1枚

○作り方
1. 鶏肉は脂を取り除き、ひと口大よりやや大きめに切って、30分以上Aにつけておく。…＊
2. 揚げる直前、鶏肉に少しずつ小麦粉を加えていく。ふり足しながらざっくり混ぜ、ねっとりするまで水分を調整する。…＊＊
3. 中火で6〜7分揚げる。途中で2〜3度ひっくり返し、火を止める直前に強火にし、油からあげる。…＊＊＊
4. 器に盛って、くし形に切ったレモンを添える。

鶏肉の下処理は丁寧に。
白っぽい脂の部分は臭みがあり食感もよくありません。さらに、揚げ油に溶け出して仕上がりが油っぽくなってしまうので、下処理できっちりと取り除いておきましょう。

＊…鶏肉は揚げた時に縮むので大きめに切る。Aの紹興酒は香りづけに、ローリエは臭み消しになる。

＊＊…小麦粉を加える目安は、水っぽさがなくなるまで。

＊＊＊…最後に強火にするとカリッと仕上がる。

🏠 …揚げ物などに添えるレモンは、くし形にしてからイラストのように切ると、汁が飛び散らずにたっぷりとしぼれます。

中央の白い部分を切り落とす　両角を切る

中華メニューも味噌で手軽に。
麻婆豆腐

○材料(4人分)
豚ひき肉 ……… 150g
豆腐(絹) ……… 1丁(約400g)
九条ねぎ(青ねぎ) ……… 2本
にんにく ……… 1片　　しょうが ……… 1片
サラダ油 ……… 適量　　塩・コショウ ……… 各少々
ごま油 ……… 小さじ1

A ┬ スープ
　├ ……… 水½カップ + 鶏ガラスープの素 小さじ½
　├ 砂糖 ……… 大さじ1½
　├ しょうゆ ……… 大さじ1
　├ 赤だし味噌 ……… 大さじ2
　├ 紹興酒 ……… 小さじ1
　├ 豆板醤 ……… 小さじ1〜2
　└ 片栗粉 ……… 小さじ2

○作り方
1. 豆腐はふきんに10分ほど包み、水気をしっかりきってひと口大に切る。
2. ねぎは小口切り、にんにくとしょうがはみじん切りにしておく。
3. 熱した中華鍋にサラダ油をひき、にんにく、しょうが、豚肉をいっしょに炒めて塩・コショウをする。
4. 肉に火が通ったら一旦火を止めてAを加え、弱火にして混ぜながらとろみをつけていく。
5. 4に豆腐を入れる。ひと煮立ちしたら2のねぎを加え、ごま油をたらして風味をつけ、皿に盛る。

豆腐の扱いには ふきんが活躍!

豆腐はしっかり水をきると味が凝縮します。ふきんで全体を包み10分ほどおくといいでしょう。ふきんの上で切り、そのまま中華鍋に入れれば楽々!

🏠 …中華の調味料を数多く揃えなくても、赤だし味噌でおいしくできますよ。赤だし味噌を購入しても使う機会がないようなら、ぜひ毎日のお味噌汁に加えてみてください。豆の香りがぐんと高くなります。

2つの鍋使いで料理屋の味わい。
手羽先と小いもの煮物

○材料(4人分)
手羽先 …… 4本
小いも(里いも) …… 8個
塩・コショウ …… 各少々
A ┌ だし汁 …… 1カップ
　│ 砂糖 …… 大さじ3
　│ しょうゆ … 大さじ3
　│ みりん …… 大さじ2
　└ しょうが汁 … 小さじ1

○作り方
1. 手羽先は関節部分に包丁で切り込みを入れ、手で折り曲げてから先を包丁で切り落とす。身の中央に切り込みを入れて塩・コショウをする。…＊
2. 小いもは土を洗い落とし、皮ごと茹でたらザルにあげて粗熱を取り、手で皮をむく。…＊＊
3. 1をフライパンで焼きつけたら、火を止める。…＊＊＊
4. 3にAを加え、5分ほど温めて肉の旨みが染み出たら、煮汁の半量を別の鍋に移し小いもを煮る。フライパンと鍋のそれぞれにアルミ箔の落とし蓋と鍋蓋をして(P.12参照)、弱火で煮詰める。…＊＊＊＊
5. それぞれの水分がなくなりかけたら、煮汁ごとすべてフライパンに戻す。最後に火を強め、残りの煮汁を絡めて照りをつけたら皿に盛る。

＊…切り込みを入れると味が染み、身を骨からはずしやすく食べやすい。

＊＊…皮は茹でると手で簡単にむける。手荒れをする人はキッチンペーパーやふきんを使って！

＊＊＊…肉から脂が出てくるので油はひかなくても大丈夫。

＊＊＊＊…小いもから粘り気が出てくるので、肉と別々に煮詰める。

🏠…手羽先の骨はかたいので、包丁だけでの下処理は困難。包丁と手をうまく使えばスムーズにできます。切り落とした先はスープなどに使えます。

ここに切り込みを入れる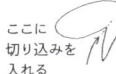

根気よくこねて、ふんわり仕上げる。

ハンバーグ

○材料（4人分）
合びき肉 …… 350g
玉ねぎ …… 1/2個
卵 …… 1個
パン粉 …… 大さじ3
塩・コショウ …… 各少々
ナツメグ …… 少々
サラダ油 …… 適量
オリーブ油 …… 適量

A ┌ 牛乳 …… 大さじ3
　│ ケチャップ … 大さじ3
　│ とんかつソース
　│ 　…… 大さじ3
　│ マスタード(粒)
　└ 　…… 小さじ1/2

○作り方
1. 玉ねぎはみじん切りにし、塩・コショウをしながらサラダ油で少し色づくまで炒める。
2. 合びき肉にナツメグと塩・コショウを加えて、粘りが出るまで手でしっかりこねる。…*
3. 2に卵を加えて混ぜ合わせたら、水で軽く湿らせたパン粉と1を混ぜ合わせる。…**
4. 3を4等分し、それぞれ小判型に整えて中央を少しへこませておく。熱したフライパンにオリーブ油をひき、片面を強火で焼く。…***
5. 焦げ目がついたら弱火にしてひっくり返し、蓋をして3〜4分ほど蒸し焼きにする。菜箸で軽く押さえて透明の汁が出てきたら、Aを絡めて皿に盛る。
6. 茹でたブロッコリーや揚げたじゃがいもなど、好みの野菜を添える。

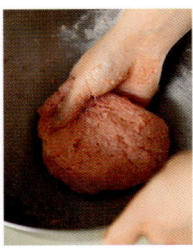

*…お肉だけでしっかりこねておくと、肉汁が逃げずジューシーに仕上がり、くずれにくい。

**…水でぬらした手でパン粉をもんでしっとりさせると、お肉をつなぎやすい。

***…加熱すると中央が膨らんでくるので、破裂しないようにへこませておく。

🏠 …肉団子など、ふんわりジューシーに仕上げたい肉料理は、とにかくしっかりこねましょう！

簡単手開きで尾頭つきを調理。

いわしの天ぷら

○材料（4人分）
いわし（約15cm）…… 8尾
卵 …… 1/2個
小麦粉 …… 1/2カップ
氷水 …… 適量
塩・コショウ …… 各少々
揚げ油 …… 適量（いわしが丸ごとつかる程度）

A ┃ だし汁 …… 2カップ
　 ┃ うす口しょうゆ … 大さじ2
　 ┃ みりん …… 大さじ2
　 ┃ 塩 …… 少々

○作り方
1. **A**を火にかけて温め、天つゆを作っておく。
2. いわしは頭と内臓を切り落とし、手開きして中骨をはずす。ウロコを手で軽くこすって洗い流す。…*
3. キッチンペーパーでいわしの水気を拭き取り、塩・コショウをする。
4. 計量カップに卵を溶いて、1/2カップ程度の量になるまで氷水を加え、ボウルに移す。
5. **4**に小麦粉をふるって入れ、粘り気が出ないようにざっと混ぜ合わせる。…**
6. いわしに小麦粉（分量外）を軽くまぶし、**5**にくぐらせ、やや弱火で1〜2分ほど揚げる。…***
7. 根を切り落とした貝割れ大根など、好みの野菜を添えて皿に盛る。

*…（上）腹部分をナナメに切り内臓を取り出す。（中）両親指を中骨に添わせて左右に開く。（下）中骨を取る。

**…衣の粘り気がない方がパリッと揚がる。

***…先に小麦粉をまぶしておくと衣が均等につきやすい。

🏠…天ぷらは、素材が底面に触れない深底の鍋で揚げるとふわっと仕上がります。天つゆではなく、塩＆山椒でもおいしくいただけますよ。いわしの中骨は片栗粉をまぶして揚げると骨せんべいになります！

短時間で骨までやわらかく。

いわしのしょうが煮

○材料(4人分)
いわし(約12cm)
…… 8〜10尾
しょうが …… 1片
A ┌ 梅干し …… 1個
　│ 昆布 …… 5cm
　│ 砂糖 …… 大さじ2
　│ しょうゆ …… 大さじ2
　│ 酒 …… 大さじ2
　└ みりん …… 大さじ2

○作り方
1. いわしは頭を切り落とし、ウロコと内臓を取り除いてきれいに洗う。…*
2. しょうがは薄切りにする。
3. 鍋にAとしょうがを入れて火にかけ、煮汁が沸騰したら一旦火を止め、いわしを重ならないように並べる。
4. 3にアルミ箔で落とし蓋をして、さらにその上に鍋蓋をして弱火で10分ほど煮る。…**
5. 火が通ったら、鍋を傾けて煮汁をスプーンでまんべんなくかけながらつやを出す。…***
6. いっしょに煮た梅干しや昆布(細切りする)とともに、皿に盛る。

*…頭を切り落とし、腹をナナメに切って内臓を取り除く。

**…二重に蓋をすると蒸し煮になり、少ない煮汁&短時間で骨まで煮える(P.12参照)。

***…ひっくり返すとくずれてしまうので、煮汁をかけて味をなじませる。

🏠 …さばやいわしを煮る時は梅干しを入れると臭みが消えますよ。梅干しがなければお酢(小さじ1)でもOK。

うす口しょうゆであっさり京風。
かれいの煮つけ

○材料（4人分）
かれい …… 4切れ
（1切れ約90g）
エノキ …… 100g
しょうが …… 1片
昆布 …… 10cm

A
- 砂糖 …… 大さじ1½
- うす口しょうゆ
   …… 大さじ2
- 酒 …… 大さじ2
- みりん …… 大さじ2
- 水 …… 大さじ2

○作り方
1. かれいは皮に十文字の切り込みを入れる。
2. エノキは根元を切り落とし、しょうがは薄切りにしておく。
3. しょうがと昆布をフライパンに並べ、Aを入れて沸騰させる。…*
4. 3にかれいを並べる。アルミ箔で落とし蓋をして、さらに鍋蓋をして弱火で10分ほど煮る（P.12参照）。
5. 4の蓋をはずし、煮汁を全体にまんべんなくまわしかける。
6. フライパンの隙間にエノキを入れ、くったっとしたら、かれいといっしょに皿に盛りつける。…**

*…しょうがはフライパンに均等に並べておく。

**…完成の目安は切り込み部分の色。うっすら茶色になればできあがり。

🏠 …魚の身が厚い場合は、まわしかける回数を増やすことで味を染み込ませましょう。

ご飯おかわりお約束!
豚肉となすの味噌炒め

○材料(4人分)
豚ばら肉(スライス)
…… 150g
なす …… 2本
しょうが …… 1片
塩・コショウ …… 各少々
A ┌ 砂糖 …… 大さじ1½
  │ みりん …… 大さじ1
  │ 赤だし味噌
  └ …… 大さじ2

○作り方
1. なすはヘタを切り落とし、縦8等分に切ってから、さらにナナメに2等分する。10分ほど水にさらし、アク抜きをしたら水をきっておく。…*
2. しょうがはせん切りにしておく。
3. 豚肉は食べやすい大きさに切り、塩・コショウをする。加熱する前にバラバラにほぐし、フライパンに並べておく。…**
4. 3にしょうがを入れ、強火で炒める。
5. 4になすを加え、しんなりしたら火を止めAを加える。再び弱火にして1分ほど炒め、皿に盛りつける。

*…なすは縦切りにすると炒めても形がくずれにくい。

**…加熱前に並べておくと、油を使わなくても肉の脂だけで焦がさずに炒められる。

🏠 …豆板醤や紹興酒、ごま油を加えて中華風に仕上げることもできますよ。

いつものエビがぷりぷりに！
エビのチリソース

○材料(4人分)
エビ(ブラックタイガー)
…… 16尾
白ねぎ(長ねぎ) …… 1本
にんにく …… 1片
しょうが …… 1片
豆板醤 …… 小さじ1
ごま油 …… 小さじ2
レタス(せん切り) …… 適量
A ┌ スープ
  │ ┌ 水¾カップ
  │ └ 鶏ガラスープの素小さじ1
  │ ケチャップ … 大さじ3
  │ 砂糖 …… 大さじ1½
  │ しょうゆ …… 大さじ1
  │ 紹興酒 …… 小さじ1
  └ 片栗粉 …… 大さじ½

○作り方
1. エビは尾側の一節を残して殻をむき、背中に切り込みを入れて背ワタを取り除く。少量の片栗粉(分量外)をもみ込んでから水で洗い流す。…*
2. 1のエビにさらに片栗粉(分量外)を軽くまぶし、色が変わる程度にさっと茹でておく。…**
3. ねぎ、にんにく、しょうがはみじん切りにする。
4. 中華鍋にごま油をひき、3と豆板醤を中火で炒める。しんなりして香りが出てきたらAを加え、焦げないように混ぜ炒める。
5. 4にとろみがついたらエビを加えてさっと絡め、せん切りにしたレタスの上に盛りつける。

*…(上)黒い線のような筋が背ワタ。(下)汚れと片栗粉が混ざり合い、いっしょに洗い落とせる。
**…片栗粉をまぶしてから茹でると、身がぷりぷりになる。

🏠…豆板醤をはじめから加えて炒めると香りが出ます。玉ねぎでもおいしいですが、白ねぎだとみじん切りにしやすく、辛味があるので味が締まります。つけ合わせにレタスのせん切りを敷くと、ソースと絡んでたくさん食べられてヘルシーですよ。

下ごしらえで見た目も差がつく。

エビフライ

○材料(4人分)
エビ(ブラックタイガー)
　……12尾
小麦粉……大さじ3〜4
卵……1個
パン粉……適量
塩・コショウ……各少々
揚げ油……適量
　(エビがつかる程度)
レモン(くし切り)……適宜
タルタルソース……適宜
　(→作り方はP.28参照)

○作り方
1. エビは尾側の一節を残して殻をむき、背ワタを取り除いて腹側に深くナナメに切り込みを入れ、逆に反らせて広げる。尾は先端2mmほどを切り落とし、黒い部分をしごき落としてきれいにする。キッチンペーパーで水気を拭き取り、塩・コショウをする。…*
2. ボウルに卵を割り入れ、泡立て器などでよく溶いて、小麦粉を加えトロンとするくらいまで混ぜておく。
3. パン粉は水で軽く湿らせておく(P.10参照)。
4. エビを2、3の順にくぐらせて衣をつけ、中火で1分ほど揚げる。
5. 皿に盛り、キャベツのせん切りやスプラウトなど好みの野菜と、レモン、タルタルソースを添える。

*…黒い部分は水分を含んでいるので、油はねを防ぐために取り除く。丁寧にしごけばきれいな桜色に揚がり、おいしく食べられる。

🏠…エビは腹側に深くナナメに切り込みを入れると丸まらず、火の通りもよくなります。切り口から身をひっぱって広げると大きく見えます!

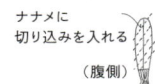
ナナメに切り込みを入れる
(腹側)

ひっぱる

● ミニレッスン
スルメイカのさばき方

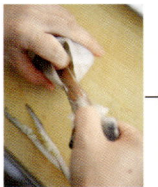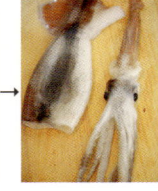

①足をひっぱって内臓を取り出す。軟骨と内臓の間に指を入れて、ゆっくりひっぱるとスルッと取れる。

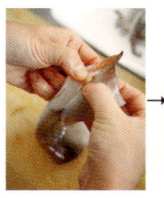

②エンペラと胴体との間に指を入れて、エンペラを下方向へひっぱりながら皮をはがしていく。

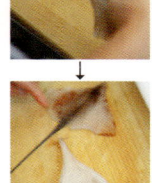

③残った皮もはがしていく(むきにくい場合は手に粗塩をつけると滑らない)。胴の一番下の部分に残った皮は包丁で切り落とし、皮をすべてはがす。

④軟骨を引っ張って抜き、中をきれいに洗う。
※このまま幅5mmの輪切りにしてサラダなどにも使える(P.94参照)。

⑤包丁の刃を上に向け、手前から奥へ切り開く。

⑥縦2等分に切り分け、表面にナナメに浅い切り込みを入れ、短冊切りにして炒め物などに使う(P.29参照)。

● おまけのレッスン
足の処理

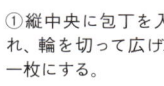

①縦中央に包丁を入れ、輪を切って広げ、一枚にする。

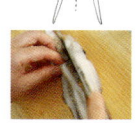

②内側から目玉とくちばしをひっぱってはずす。

③硬い部分は包丁で切り落とす。

④2本ある長い足の先は吸盤が大きいので切り落とす。

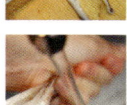

⑤小さな吸盤は手でしごきながら水で洗い落とす。

● ミニレシピ
エンペラ&足のにんにく炒め

材料
スルメイカのエンペラ、足 … 1杯分
にんにく … 1/2片　すだち … 1/2個
塩・コショウ … 各少々
オリーブ油 … 適量

1. エンペラ(皮つき)と足(処理済み)は食べやすい大きさに切る。
2. にんにくはみじん切りにする。
3. フライパンに1、2、オリーブ油を入れ、強火でさっと炒める。塩・コショウで味をととのえて皿に盛り、すだちを添える。

タルタルソース

○材料(エビフライ4人分)
セロリ …… 10cm程度
(茎・葉どちらでもよい)
玉ねぎ …… 1/4個
卵 …… 1個

A ┌ マヨネーズ …… 大さじ3
　├ オリーブオイル … 小さじ1
　├ レモン汁 …… 1/2個分
　└ 塩・コショウ …… 各少々

○作り方
1. セロリと玉ねぎは、みじん切りにして塩(分量外)をふっておき、しんなりしたらしっかりしぼる。
2. 卵は茹でた後、泡立て器などで砕いておく。…*
3. Aに1と2を入れて混ぜ合わせる。

*…電子レンジで簡単にできる。耐熱ボウルに卵を割り入れて白身を切るようにほぐし(多少黄身がくずれても大丈夫)、ラップをかけて加熱(700wで約30秒)する。

さばいたイカでささっと中華。
イカとチンゲン菜の炒めもの

○材料(4人分)
スルメイカ(生)
…… 1杯(約150g)
チンゲン菜 …… 2株
にんにく …… ½片
しょうが …… ½片
塩・コショウ …… 各少々
オイスターソース
…… 大さじ2
サラダ油 …… 大さじ1
ごま油 …… 小さじ1
片栗粉 …… 適宜
ローリエ …… 1枚

○作り方
1. イカは足、内臓、軟骨を取り除き、皮をむいて洗う（P.28参照）。表面にナナメに切り込みを入れ、縦2等分に切り分けたら、さらに2cm幅に短冊状に切る。水分を拭き取ってから片栗粉をまぶす。…*
2. 水にローリエを入れて沸騰したらイカを入れ、白くなる程度にさっと茹でる。…**
3. チンゲン菜は葉を2～3等分、芯を縦に6～8等分に切る。
4. にんにくとしょうがはみじん切りにする。
5. 中華鍋にサラダ油をひいて熱し、3と4を一気に入れ、塩・コショウをしてざっくり混ぜる。さらにイカを加えてオイスターソースを全体に絡め、最後にごま油で風味をつける。

*…片栗粉をまぶすとぷりぷりの食感に！

**…生のまま炒めると加熱に時間がかかり、かたくなってしまうので、軽く茹でておく。

🏠…イカの足は皮がむきにくいので、皮ごと使える別メニューに使いましょう。吸盤はしごいて取り（P.28参照）、さっと茹でて、わかめやきゅうりなどといっしょにポン酢で和えてもおいしいです。

教室トーク その1
おだしとスープについて

自然界に存在しないもの、いわゆる化学調味料を身体に入れることには、皆さん抵抗があるのではないでしょうか。私は、特に子どもたちには食べさせたくないと思うのですが、日常から人工的なものを完璧にシャットアウトするのは、この国で生活する限り難しいですよね。だからこそ、せめて毎日の家のごはんには、きちんとしたものを使ってほしい、そんな思いがあります。

なかでも、ご飯に合う小鉢や汁物など、和風料理のベースであり、口にする機会が多いのがおだし（だし汁）です。これは料理のおいしさの要にもなるので、ぜひ天然のおだしを昆布や魚からとってほしいのです。

日本料理が息づく京都のお料理屋さんを訪ねれば、おだしの味をひと際大事にしていることがわかるでしょう。かつて私もいろいろなお店に食べに出かけたものですが、おいしい炊き物などは、はじめにおだし

だし汁（魚だし＋昆布だし）

味噌汁や煮物など和食に使うだし汁は、昆布のだしと魚のだしを合わせたものを使ってください。
半々ずつ合わせると、香りも増し、深みのあるだし汁になります。
料理の味も風味も違ってくるので、天然のものを使いましょう。

魚のだし

だし汁にコクが出ます。上品な味わいに仕上げる時は魚臭さのない「花かつお」を使うのが望ましいですが、天然の「混合だし」や「だしパック」などでも旨みのあるだしはとれます。ここでは毎日手軽に使えるこちらの2つを紹介します。

だしパック
魚などの粉末を小袋に詰めたもの。昆布が入っているものなら、これひとつで手早くだし汁が作れます。魚臭さが少なく澄んだだしがとれるので、上品に仕上げたい料理向き。化学調味料が入っていないものをおすすめします。

だしパックの使い方

沸騰したお湯500ccにだしパック1袋を入れて、菜箸でゆすりながら煮出していく。4〜5分で火を止め袋を取り出す。

混合だし
いわしやさばなどの削り節。数種類の魚が入っているのでコクがあり、手軽にだしがとれます。使っただしがらも佃煮に使えば経済的！（P.31参照）

混合だしの使い方

1. 沸騰したお湯500ccに混合だし約15gを入れる。
2. 3分ほど煮出したら火を止め、かすとり網でだしがらをすくう。

＊吸い物など澄んだだし汁にしたい時は、沸騰したお湯に入れたら火を止め、5分ほどおく。

＊お味噌汁などの場合は、昆布だしを沸騰させたところに混合だしを入れてだしをとると、手早くだし汁が作れる。

昆布のだし

だし汁に甘みが出ます。利尻島など水のきれいな場所で育った昆布はミネラルをたっぷり含み、香りも高くおすすめです。厚めの方がいいだしが出ます（佃煮を作る時も厚めがベター！→P.108参照）。

昆布だしの取り方

容器に昆布と水を入れ（昆布10cm角3枚に対し水1L）、半日ほど浸してだしをとってください。時間がない時は、鍋に昆布と水を入れて弱火にし、沸騰する直前で引き上げてもできます（沸騰するとえぐ味が出てくるので注意！）。

昆布は半日ほどで約3倍に膨らみ、水にはほんのり色がつき、少しとろみが出てくる。昆布をつけたまま冷蔵庫で保存すれば、2〜3日は使用可。

がふわっと香ります。たっぷりのおだしをふくませて味をつけているため、食後にのどが渇いたりもしません。これは、いいおだしが素材にしっかりと染みている証拠です。

もちろん毎日の家のごはんでは、お料理屋さんのように高価な花かつおを使い、手間をかけてだしをとるというわけにはなかなかいきません。では、手軽に使える天然素材のだしがあればどうでしょう？ このページでも紹介していますが、魚を乾燥させた混合だしや粉末状のパックなら、おいしいおだしを手早くとれるのです。

考えてみれば、和食のだし汁が一番簡単です。西洋料理に使うブイヨンや中華料理の鶏ガラスープなどは、家庭で一から作るとなると至難の業。でも、和食のだし汁なら、魚と昆布だけで立派なうまみになります。

さあ、無理せず続けられるおだし習慣！ 天然素材で、手早く、おいしくいきましょう。

旨みスープ

中華風や洋風に仕上げたい時に、旨みベースとして使います。
固形コンソメや顆粒の鶏ガラスープの素など
市販のものを少量だけ加えつつ、なるべくお肉や野菜など
素材そのものからの旨みで味を出すようにしましょう。

ついでのスープ

お肉や野菜の茹で汁は旨みが染み出ているので捨てないで！ 丁寧にこせば透明になり、別の料理の旨みベースに使ったり、調味料を加えてスープで味わったり、いろいろと活用できます。

お肉でスープ
〜豚の薄切り肉の場合〜
肉はひき肉でも塊でもOK。アクさえしっかり取り除けば、コクのある透明なスープに！ 鶏でも牛でも可。

野菜でスープ
〜もやしの場合〜
緑色野菜の茹で汁は色も濃くて少し青臭いが、もやしの場合は透明で臭みもないので使いやすい。

1. ローリエを入れた水を沸騰させ、肉を入れて茹でる。

2. 茹であがったらザルでこして肉を取り出し、キッチンペーパーを敷いてさらにこす。

例えば…固形コンソメを減らし、ポトフなど野菜の煮込み料理を作る時の旨みに。

1. 沸騰したお湯にもやしを入れ、1分ほど煮る。

2. ザルにもやしをあけ、鍋に茹で汁を取り出す。

例えば…塩・コショウで味をととのえ、しょうがの皮を入れて中華風スープに。

Relishで使っているのは…

だしパック
「おだしのパック じん」
（うね乃）
かつおや昆布、しいたけなどが粉末になったパック。澄んだだし汁が手早くとれる。

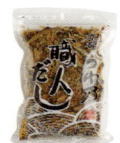

混合だし
「職人だし」（うね乃）
京都のおだし専門店、うね乃さんの商品。少量でコクのあるだしがとれて、香りもいい。

昆布
「利尻こんぶ」（うね乃）
北海道の利尻島でとれた昆布。肉厚で甘みがあり、コクのあるだしがとれる。佃煮にしてもおいしい。

●だしがらで一品！
魚だしの佃煮

冷蔵庫で4〜5日は持つ。おにぎりの具やお弁当のふりかけにも！

材料
だしがら（混合だし）… 約15g
しょうゆ … 小さじ1
みりん … 小さじ1
砂糖 … 小さじ1/2
白ごま … 適量

1. 鍋にだしがら、しょうゆ、みりん、砂糖を入れ、弱火で炒り煮する。
2. 水分がとんだら火を止め、白ごまを振り入れて混ぜる。

皮ごと使えば風味も豊かに。
きんぴらごぼう

○材料(4人分)
ごぼう(細め)………1本
ごま油………大さじ1
白ごま………適量
A ┌ 砂糖………大さじ1
　├ しょうゆ………大さじ1
　└ みりん………大さじ1

○作り方
1. ごぼうは土を落としてよく洗い、皮をむかずに持ちやすい長さに切ってささがきにする。10分ほど水にさらし、アク抜きをして水をきる。…*
2. フライパンを熱し、ごま油をひいてごぼうを炒める。しんなりしたらAを加え、水分を飛ばしながら絡めて火を止める。
3. 白ごまを加え、ざっと混ぜたら器に盛る。

*…はじめにさらした水はすぐ茶色く濁るので、きれいな水に交換してから10分ほどおく。

ごぼうは皮ごとささがきに!

ごぼうは皮をむかずに調理すると香りが残ります。持ちやすい長さに切る時に切り口をナナメにしておくと、ささがきがはじめやすいです。ささがきにすると短時間でも味が染み込み、食感もよくなるので、量もたくさん食べられます。

🏠 …濁っても交換すれば、アク抜きに真水を使っても大丈夫。あえて白色を意識したい料理の時(れんこんなど)は、酢水にさらしてください。

なすにおだしがジンワリ。
なすと三度豆の炊いたん

○材料(4人分)
- なす……3本
- 三度豆(いんげん)…8本
- しょうが……1片
- サラダ油……適量
- ごま油……適量
- A
  - だし汁……1/2カップ
  - 砂糖……大さじ1 1/2
  - しょうゆ……大さじ2
  - みりん……大さじ1

○作り方
1. なすはヘタを切り取り、縦2つに切って皮側に細かく切り込みを入れてから、ひと口大に切る。水にさらした後、ふきんでしっかり水気をきり、ボウルに移してサラダ油をふりかけておく。
2. しょうがはせん切りにする。
3. 三度豆はかために茹で、ナナメに2〜3等分に切る。
4. なすとしょうがをごま油で炒め、**A**を加えたら蓋をして弱火で煮る。形がくずれないように、途中2〜3度ゴムベラなどで煮汁を絡ませながら優しく混ぜる。…*
5. 煮汁が半量ぐらいになったら三度豆を加え、さらに三度豆がくたっとなるまで煮たら、器に盛りつける。

＊…なすはフライパンや中華鍋など、鉄製のもので調理するときれいな色になる。

🏠…なすは油をどんどん吸う素材。調理前にサラダ油をふりかけておくと、均等に油がまわり、油を吸い込む量が減ります。揚げなすを作る時も少量の揚げ油でできます。

隠し包丁で大根をやわらかく。
大根のそぼろあんかけ

○材料(4人分)
大根 …… 1/2本
鶏ひき肉 …… 150g
米のとぎ汁(濃いもの)
　…… 適量
水溶き片栗粉
　┌ 水大さじ1 1/2強
　└ 片栗粉 大さじ1 1/2
しょうが …… 適量
A ┌ だし汁 …… 3カップ
　│ 砂糖 …… 小さじ1
　│ うす口しょうゆ
　│ …… 大さじ2
　└ みりん …… 大さじ2

○作り方
1. 大根は厚さ3cmの輪切りにする。厚めに皮をむき、面取りをして隠し包丁を入れる。…*
2. 鍋に大根と、大根がかぶるくらいの量の米のとぎ汁を入れて強火で加熱し、沸騰したら中火にする。串が通る程度にやわらかくなったらザルにあげ、まわりについている米ぬかを水で洗い流す。…**
3. 鍋にAと大根を入れて強火にし、煮立ったら弱火で15分ほど煮る。
4. 鶏肉は箸でほぐし、3に加えてポロポロになるようにかき混ぜる。丁寧にアクをすくい、水溶き片栗粉を入れてとろみをつける。…***
5. 器に盛り、しょうがをおろしてのせる。

*…十文字に隠し包丁を半分くらいの深さまでしっかり入れておくと、早く煮えて味も染み込む。さらに食べる時も箸で割りやすい。

**…米のとぎ汁(米ぬか)には大根の臭みを取り除く作用がある。

***…水溶き片栗粉は沸騰した煮汁をかき混ぜながら、少量ずつ流し込むとダマにならない。

🏠…大根は煮くずれしにくいですが、面取りをすることで見た目がきれいに仕上がります。

ホタテの食感に技あり！
ホタテとアスパラの酢味噌和え

○材料(4人分)
ホタテの貝柱(お造り用)
…… 6個
アスパラガス(太め)… 3本
A ┬ 砂糖 …… 大さじ1
  ├ 酢 …… 大さじ1
  ├ みりん …… 大さじ1
  ├ 白味噌 …… 大さじ2
  └ 練りからし
    …… 小さじ1/2

○作り方
1. 貝柱は熱湯にくぐらせ、うっすら表面が白くなったら冷水に取り、水気をきって4つに切る。…*
2. アスパラガスはハカマを取り、半分の長さに切ってから1の湯を使って茹でて、3〜4等分にナナメに切る。皮がかたい場合は、さらに下部分だけ皮をむく。…**
3. 1と2をAで和える。

＊…熱湯にくぐらせると臭みが取れる。また、表面の身がしまって食感もよくなる。

＊＊…(上)ハカマは包丁でひっぱるようにして取り除く。(下)皮は茹でてからの方がむきやすい。下から上へ包丁でむく。

🏠 …ホタテのほかに、アサリのむき身やエビなどを使ってもおいしいですよ。

しょうがを効かせてさっぱりと。
たこときゅうりの酢の物

○材料(4人分)
たこ(茹でたもの)
…… 太足1本(約120g)
きゅうり …… 1本
わかめ(乾燥) …… 大さじ1
しょうが …… 1/2片
A ┬ 砂糖 …… 大さじ2
  ├ 酢 …… 大さじ2
  ├ うす口しょうゆ
  │   …… 小さじ2
  ├ みりん …… 小さじ2
  └ しょうが汁 …… 小さじ1

○作り方
1. たこは幅5〜7mmに切り、軽くしぼって水気をきる。
2. きゅうりは薄く小口に切り、水にさっとくぐらせて軽く塩(分量外)をふる。しんなりしたらしっかりしぼる。…*
3. わかめは水で戻し、しっかりしぼる。
4. しょうがはせん切りにする。
5. 1〜3をAで和え、器に盛って4のしょうがを添える。

＊…きゅうりの苦みとぬめりが取れる。

🏠 …素材を薄く細かく、大きさを揃えて切るだけで、見た目も食感もエレガントに仕上がります。

37

野菜の歯ごたえが決め手。
三度豆の黒ごま和え

○材料(4人分)
三度豆(いんげん)… 16本
にんじん …… 1/2本
A ┌ 黒練りごま(無糖)
　│ 　…… 大さじ1 1/2
　│ 砂糖 …… 大さじ1 1/2
　│ しょうゆ …… 大さじ1
　└ みりん …… 大さじ1

○作り方
1. 三度豆は筋を取り、さっと茹で、切り口をナナメにして3等分にする。
2. にんじんは長さ3cm、幅5mmの拍子木切りにして軽く茹でる。
3. 1と2をAで和え、器に盛る。

濃厚でやさしい大豆の味。
ほうれん草とひじきの白和え

○材料(4人分)
豆腐(絹) …… 1/2丁(約200g)
芽ひじき(乾燥) …… 大さじ1
ほうれん草 …… 1/2束
うす口しょうゆ …… 少々
A ┌ 白味噌 …… 大さじ2
　│ 白練りごま(無糖)
　│ 　…… 小さじ1
　└ うす口しょうゆ … 小さじ1

○作り方
1. 豆腐はふきんで10分ほど包み、水気をしっかりきってAと混ぜ合わせ、つぶしてペースト状にする。…*
2. ひじきは戻し、さっと茹でて熱いうちにうす口しょうゆを絡めておく。…**
3. ほうれん草はさっと茹で、水にさらして3～4cmに切り、水気をしぼる。
4. 1～3を手で和え、器に盛る。…***

*…ゴムベラを使うとつぶしやすい。

**…熱いうちにしょうゆを絡めるのは、海藻特有の臭みを消すため。

***…茹でた葉物は手の方がほぐしやすい。

🏠…少量のひじきを戻して加熱する時は、電子レンジ(700wで15秒程度)を使うと手早くできます。

香りもよく、おせち料理にも使える。
ゆず大根

○材料(4人分)
大根 …… 10cm
ゆずの皮 …… 適量
A ┌ 砂糖(上白糖)
　│ 　…… 大さじ2
　│ 塩 …… 小さじ1/2
　│ 酢 …… 大さじ1
　│ ゆず(しぼり汁)
　│ 　…… 1個分
　└ 昆布 …… 5cm

○作り方
1. 大根は皮をむいて、長さ5cmの拍子木切りにし、水にさらしてアク抜きをする。
2. 1の水をきり、ボウルに入れて軽く塩(分量外)をふる。しんなりしたらザルにあげて水気をきる。
3. 2とAを混ぜ合わせ、20分以上おいて味を染み込ませる。…*
4. 3の昆布だけを取り出し、幅2mmの細切りにする。
5. 昆布を戻し、軽く混ぜたら器に盛り、ゆずの皮を薄くそいで散らす。…**

*…おせちなどに入れる時は、Aの砂糖を少し多めに入れて(大さじ3程度)甘めに仕上げるとツヤも出て、日持ちする。

**…ゆずの皮は包丁で薄くそぐ。

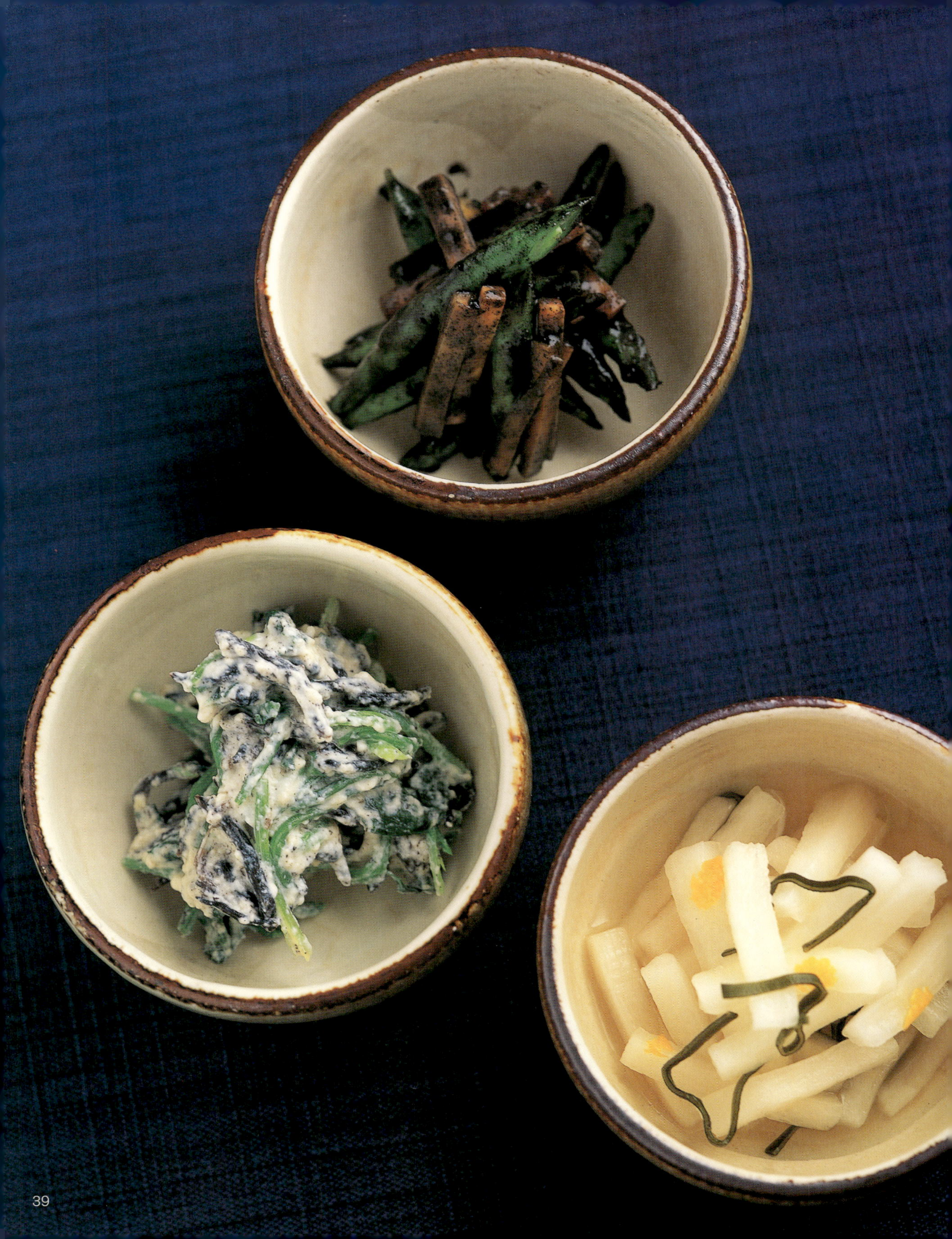

ご飯にも、お酒にも合う。
たけのことやしのラー油和え

○材料(4人分)
たけのこ(水煮)
…… 1本(約150g)
もやし …… 1袋
白ごま …… 適量

A
- 砂糖 …… 大さじ1
- 酢 …… 大さじ1/2
- しょうゆ …… 大さじ2
- コショウ …… 少々
- ごま油 …… 大さじ1
- ラー油 …… 小さじ1/4

○作り方
1. たけのこは薄くスライスし、熱湯にくぐらせてザルにあげて水気をきる。…*
2. もやしはヒゲ根を手でちぎってはずし、1の湯に塩(分量外)を加えてさっと茹でる。粗熱が取れたらしっかりしぼる。…**
3. Aにたけのこともやしを15分ほど漬け込む。
4. 器に盛り、白ごまをふる。

*…そのままでも使えるが茹で直すと香りが戻る。

**…ヒゲ根を取り除くと歯ごたえが引き立つ。

🏠…ラー油の代わりに、豆板醤を使ってもおいしくできます。

具材の細切りで手早く完成。
ひじきの炊いたん

○材料（4人分）
芽ひじき（乾燥）
…… 大さじ4
にんじん …… 1/2本
油揚げ …… 10cm×10cm
ごま油 …… 小さじ1
白ごま …… 適量

A ┤
 だし …… 1カップ
 砂糖 …… 大さじ2 1/2
 しょうゆ …… 大さじ2 1/2
 酒 …… 大さじ1
 みりん …… 大さじ2

○作り方
1. 芽ひじきは水で戻しておく。
2. にんじんは皮をむき、長さ3cm幅2mm程度の細切りにする。
3. 油揚げは熱湯にくぐらせて油抜きし、長さ5cm幅3mm程度の細切りにする。
4. 鍋にごま油、ひじき、にんじんを入れて軽く炒めたら、Aと油揚げを加える。蓋をして強火にし、煮立ったら途中かき混ぜながら、水分が少なくなるまで煮る。
5. 器に盛り、白ごまをふる。

とろとろで甘みがふんわり。
コーンの中華スープ

○材料(4人分)
豆腐(絹)… 1/2丁(約200g)
卵 …… 1個
九条ねぎ(青ねぎ)…… 1本
スープ
　┌ 水2カップ
　└ 鶏ガラスープの素 小さじ2
クリームコーン(缶詰)
…… 1缶(約190g)
塩・コショウ …… 各少々

○作り方
1. 豆腐はふきんに10分ほど包んで水切りしておく(P.18参照)。
2. 卵は塩ひとつまみ(分量外)を入れ、しっかり混ぜて白身と黄身を溶きほぐす。
3. ねぎはナナメ切りにする。
4. スープを沸騰させ、卵を少しずつ菜箸を伝うようにして流し込み、手でくずした豆腐を入れる。…*
5. 弱火にしてクリームコーンを加え、塩・コショウで味をととのえる。
6. ねぎを加えて火を止め、器に盛る。

*…菜箸を伝わせて、熱いスープの中に少しずつ入れるとふわふわになる。

あったかレタスの新食感。
レタスときのこのスープ

○材料(4人分)
レタス(中) …… 1/3個
しいたけ …… 2個
エノキ …… 約50g
九条ねぎ(青ねぎ)…… 1本
しょうが …… 1片
スープ
　┌ 水 3カップ
　└ 鶏ガラスープの素 大さじ1
水溶き片栗粉
　┌ 水 大さじ1強
　└ 片栗粉 大さじ1
しょうゆ …… 大さじ1
塩・コショウ …… 各少々

○作り方
1. レタスは手でひと口サイズにちぎり、10分ほど水にさらしたら水気をきっておく。…*
2. しいたけは石づきを切り落とす。軸は手で裂き、かさは細く切る。
3. エノキは石づきを切り落とし、2cmくらいに切る。
4. ねぎは長さ2cmくらいのナナメ切りにする。
5. しょうがは皮ごと包丁で押しつぶす。…**
6. 鍋にスープを入れ温めてから、1～5を加えて中火で5分ほど煮る。
7. 6を沸騰させて水溶き片栗粉を入れ、しょうゆと塩・コショウで味をととのえる。…***
8. しょうがを取り除き、器に盛る。

*…レタスは水にさらすと苦味がとれる。

**…しょうがは香りづけ用。最後は取り出すので皮つきのままでOK。しょうがの上に包丁を寝かせてのせ、力を入れて押しつぶす。

***…水溶き片栗粉は、スープをかきまわしながら入れるとダマにならない。

🏠 …丸ごとのレタスを半分に切る時は、イラストのようにまずは包丁で芯に切り込みを入れ、そこに指を入れて裂いていく。こうすると断面が赤くなりません。

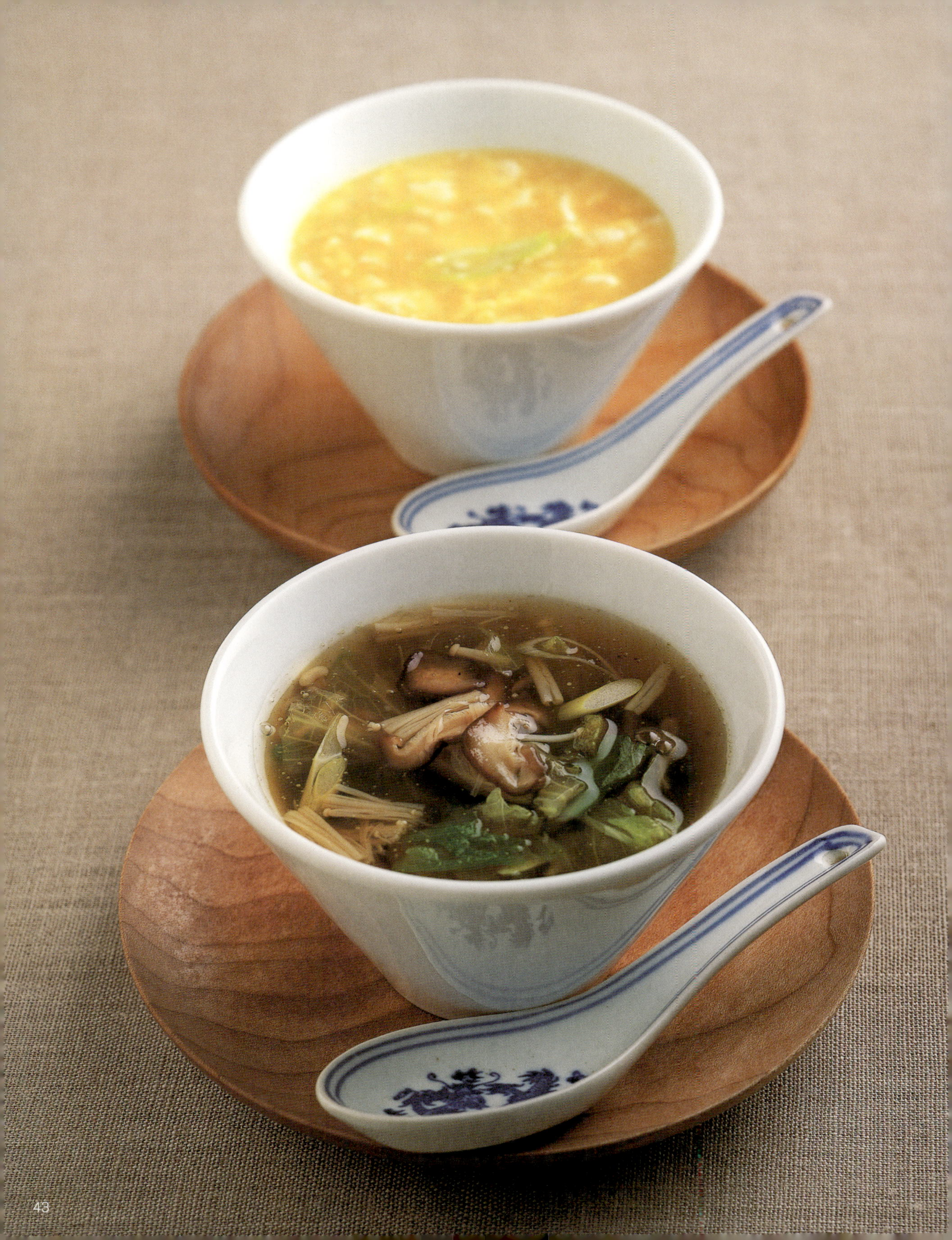

トマトの酸味がさわやか。
あさりとトマトのスープ

○材料（4人分）
- あさり …… 約200g
- トマト …… 1個
- セロリ …… 茎 1/4本、葉 数枚
- 白ワイン …… 大さじ2
- ローリエ …… 1枚
- タバスコ …… 適宜
- A
  - スープ
    - 水2カップ
    - 固形コンソメ 1/2個
  - 塩 …… 小さじ1/2
  - コショウ …… 少々

○作り方
1. あさりは塩水に30分以上つけて砂を吐かせ、貝同士をゴシゴシこすり合わせてすすぎ洗いしておく。…*
2. トマトはフォークで刺して火であぶり、皮をむいて横半分に切って種を取り、大きめのさいの目切りにする。…**
3. セロリの茎は筋を取り、短冊切りにする。
4. 鍋にあさり、白ワイン、ローリエを入れ、蓋をして強火にし、貝が開いたらAを加える。さらにトマトとセロリの茎を入れてアクをすくう。
5. 鍋のセロリがしんなりしたら器に盛り、セロリの葉を刻んで散らし、お好みでタバスコをふる。

＊…塩水の濃度は海水と同じくらいに。あさりを入れた塩水は動かさず、静かな場所に置き、ふきんや新聞紙などで蓋をして暗くしておくと砂を吐きやすい。

＊＊…パチパチと音がするくらいまで、しっかりと炎に近づける。皮は焦げても問題なし。

🏠 …湯むきでトマトの皮をむく場合は、下側に小さく十文字の切り込みを入れ、沸騰した湯に入れたらすぐに引き上げて、皮をむいてください。

生クリームを使わず、コクは白味噌で。
ほうれん草の白味噌ポタージュ

○材料(4人分)
ほうれん草 …… 1/2束
油揚げ …… 10cm×5cm
A ┏ スープ
  ┃ ┏ 水 1 1/2カップ
  ┃ ┗ 固形コンソメ 1/2個
  ┃ 牛乳 …… 1カップ
  ┃ 白味噌 …… 大さじ2 1/2
  ┗ 塩・コショウ …… 各少々

○作り方
1. ほうれん草は茹でて水気をしぼり、根を切り落として適当な長さに切る。
2. ほうれん草とAをいっしょにミキサーにかけ、なめらかになったら鍋へ移し、弱火にして焦げないように混ぜながら温める。…*
3. 油揚げを1cm角のさいの目切りにする。フライパンに入れ、焦げないようにゆすりながら炒めてクルトンのようにする。…**
4. 2を器に注ぎ、3を浮かせる。

*…牛乳が入っているため、沸騰させると吹きこぼれるので注意!

**…油揚げはフライパンに並べてから火をつけると、油をひかなくても焦げずにカリッと炒められる。

🏠…京都ではお正月に白味噌のお雑煮をいただきます。この時に余ってしまうことが多いので思いついたメニューのひとつです。

普段のお味噌汁もみりんでまろやか。

小松菜の味噌汁

○材料（4人分）
- 小松菜 …… 1/4束
- 油揚げ …… 10cm×8cm
- だし汁 …… 3カップ
- みりん …… 大さじ1/2
- 味噌 …… 大さじ3〜4
- 白ごま …… 適量

○作り方
1. 小松菜は長さ2cmに切る。
2. 油揚げは熱湯にくぐらせて油抜きし、細く切る。…*
3. だし汁を加熱して小松菜、油揚げ、みりんを加え、味噌を溶き入れる。…**
4. お椀に盛り、白ごまを指先でひねりつぶして散らす。

🏠 …ごまはつぶして散らすと香ばしさがふわっと広がります。

きゅっと ひねる

*…油抜きすることで表面の油を取り除ける。

**…みりんを入れると味噌汁の味がまろやかになる。

余ったちくわを使いたい時に！

ちくわと三つ葉のお吸い物

○材料（4人分）
- ちくわ …… 1本（約15cm）
- 三つ葉 …… 1/4束
- だし汁 …… 3カップ
- うす口しょうゆ …… 大さじ1 1/2
- 塩 …… 少々
- ゆずの皮 …… 適量

○作り方
1. ちくわは幅3mmの輪切りにする。三つ葉は茎を細かく切り、葉をざく切りにする。
2. だし汁にうす口しょうゆと塩を入れて火にかけ、1を加える。
3. お椀に盛り、薄くそいだゆずの皮を飾る。…*

*…ゆずの皮は薄くそいで、空気が入らないようにラップをして冷凍しておくと、いつでも使える。

ネバトロ汁もしょうがでさっぱり。

オクラととろろ昆布のお吸い物

○材料（4人分）
- オクラ …… 4本
- とろろ昆布 …… 10g
- だし汁 …… 3カップ
- うす口しょうゆ …… 大さじ1
- みりん …… 大さじ1/2
- 塩 …… 少々
- しょうが …… 1/2片

○作り方
1. オクラは塩（分量外）でこすり、沸騰した湯でさっと茹でて小口切りにする。…*
2. だし汁にしょうゆとみりんを加えて火にかけ、オクラを入れたらとろろ昆布をほぐしながら加え、かき混ぜる。
3. 塩で味をととのえ、お椀に盛り、しょうがをおろしてのせる。

*…オクラは塩でこすると表面のケバケバが取れて、色も鮮やかになる。

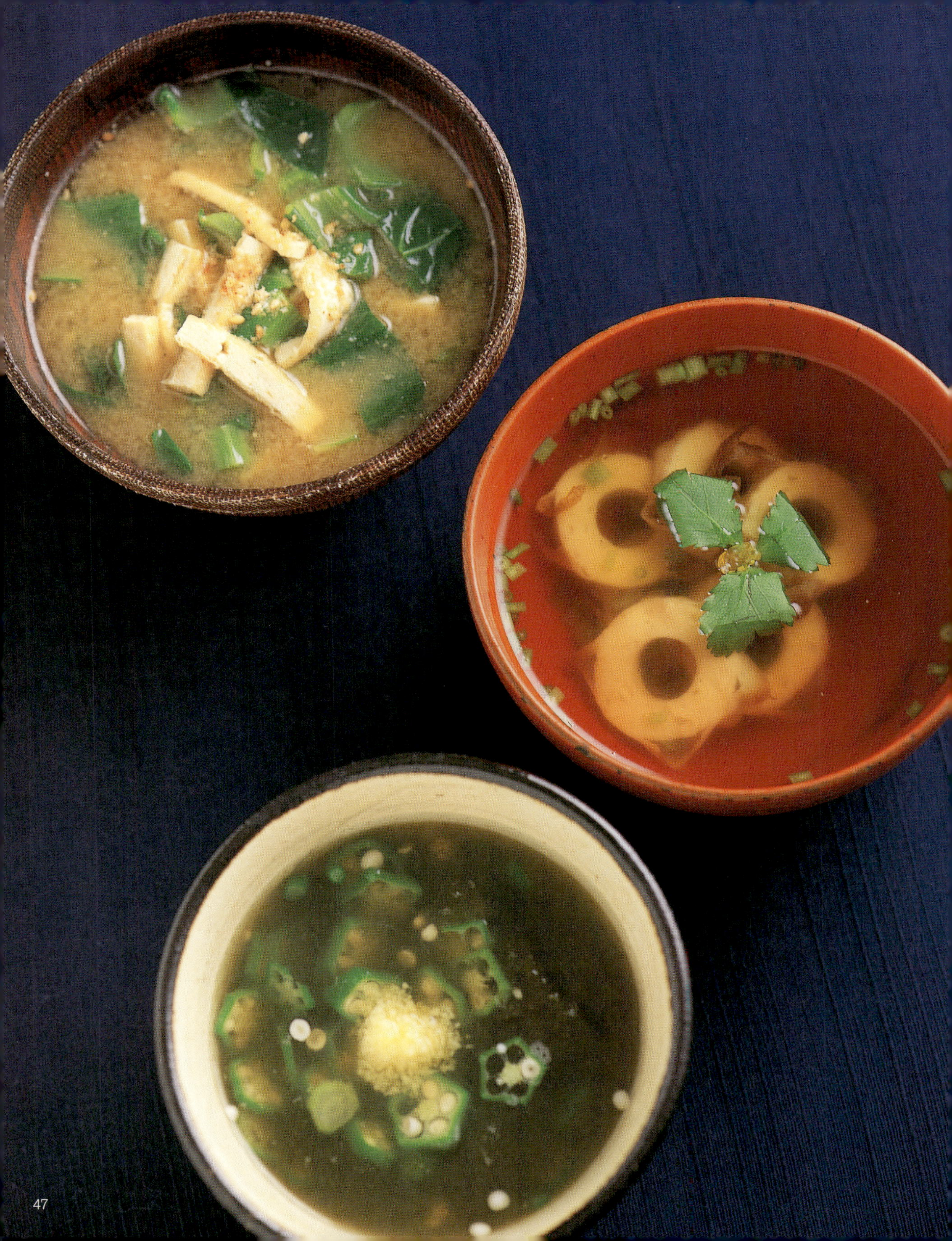

お肉の旨みもしっかり味わえる。
根菜たっぷり豚汁

○材料（4人分）
豚こま切れ肉 ………… 100g
さつまいも ………… 1/2本
ごぼう ………… 1/2本
にんじん ………… 1/2本
大根 ………… 5cm
しめじ ………… 1/2パック
油揚げ ………… 10cm×10cm
白ねぎ（長ねぎ）………… 1本
酒 ………… 小さじ1
だし汁 ………… 3 1/2カップ
味噌 ………… 大さじ3〜4

○作り方
1. さつまいもは皮ごと1.5cm角に切り、水にさらしておく。
2. ごぼうは土を洗い落とし、ナナメ薄切りにして水にさらしておく。
3. にんじんと大根は皮をむき、イチョウ切りにする。
4. しめじは石づきを切り落とし、小房に分ける。
5. 油揚げは熱湯にくぐらせて油抜きし、細切りにする。
6. ねぎは1cmの小口切りにする。
7. 豚肉は酒をふっておく。…＊
8. 1と2の水をきり、3と4といっしょにだし汁に入れる。5分くらい煮たら豚肉を加えてアクをすくう。さらに油揚げ、ねぎ、味噌を加えてひと煮立ちさせる。
9. 器に盛って完成。

＊…豚肉は酒をふっておくことで、臭みが取れる。

はじめに
豚肉を入れないで。
煮はじめに肉を入れると、だし汁に旨みが出すぎてしまいお肉自身がカスカスになってしまいます。野菜に火が通った後で加えるとおいしくいただけます。

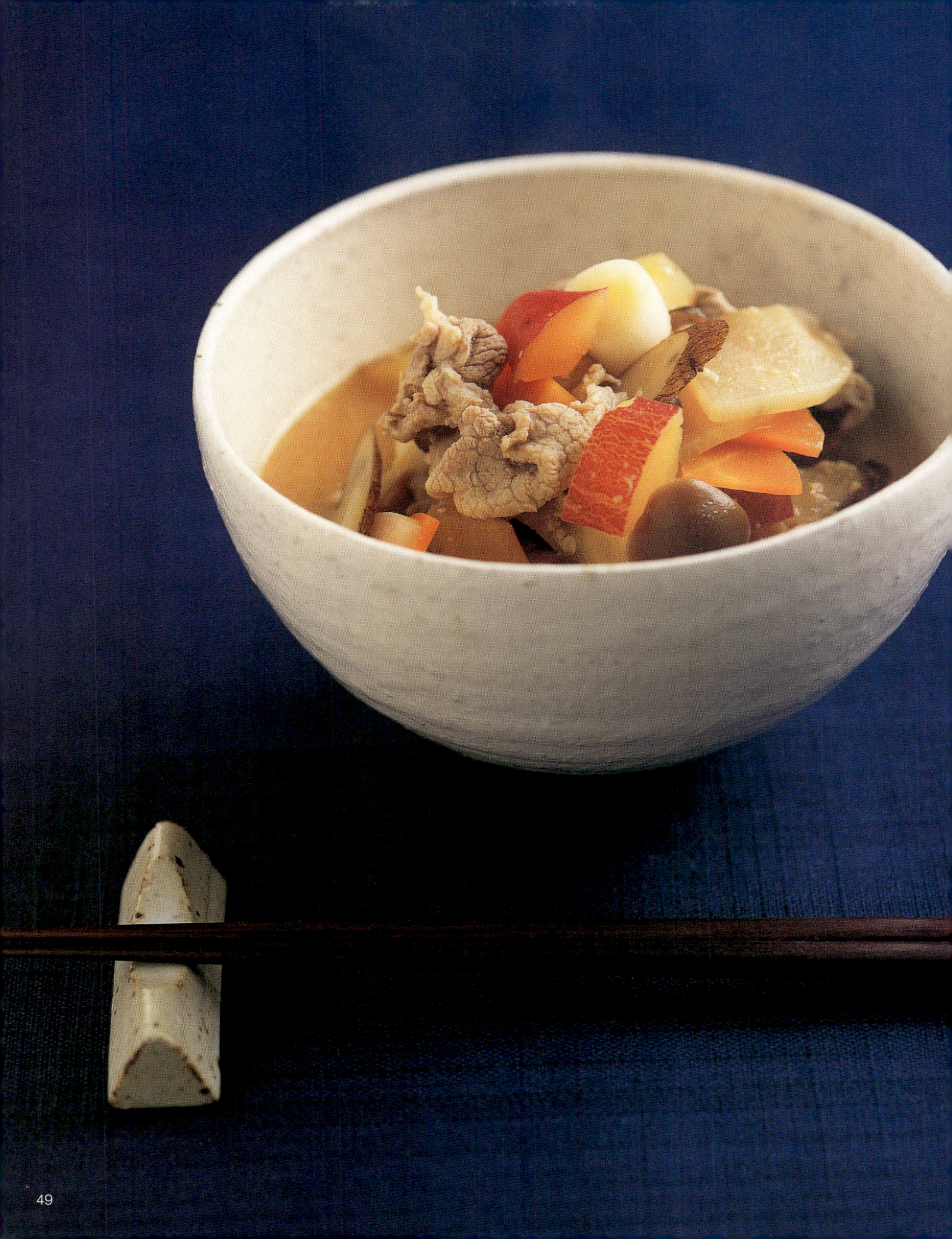

具だくさんのほくほく汁。

粕汁

○材料(4人分)
酒粕 ……… 140g
塩鮭 ……… 2切れ(約180g)
大根 ……… 4cm
にんじん ……… 1/2本
ちくわ ……… 1/2本
油揚げ ……… 10cm×10cm
こんにゃく(板) ……… 1/2枚
九条ねぎ(青ねぎ) ……… 1/2本
だし汁 ……… 3 1/2カップ
味噌 ……… 大さじ1
うす口しょうゆ ……… 大さじ2
塩 ……… 適量

○作り方
1. 大根とにんじんは長さ3〜4cmの短冊切りにする。
2. ちくわは2等分にして縦長に切る。
3. 油揚げは熱湯にくぐらせて油抜きし、長さ3〜4cmの短冊切りする。
4. こんにゃくは熱湯にくぐらせてアク抜きし、長さ3〜4cmの短冊切りにする。…*
5. 塩鮭は熱湯をかけてウロコを取り、ひと口大に切る。…**
6. ねぎは小口切りにする。
7. 酒粕は小さくちぎり、温かいだし汁の半量で溶かしておく。
8. 残りのだし汁で1〜5を10分ほど煮て、7を加えてから味噌、しょうゆ、塩で味をととのえる。
9. 器に盛り、6のねぎをのせる。

**酒粕は
溶かしてから鍋へ!**
酒粕は溶けるのに時間がかかるので、いきなり鍋には入れないで!温かいだし汁を半分使って泡立て器などでつぶしながら完全に溶かしておきましょう。

*…こんにゃくは熱湯にくぐらせると臭みが取れる。

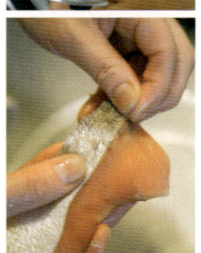

**…熱湯をかけるとウロコが取りやすくなる。

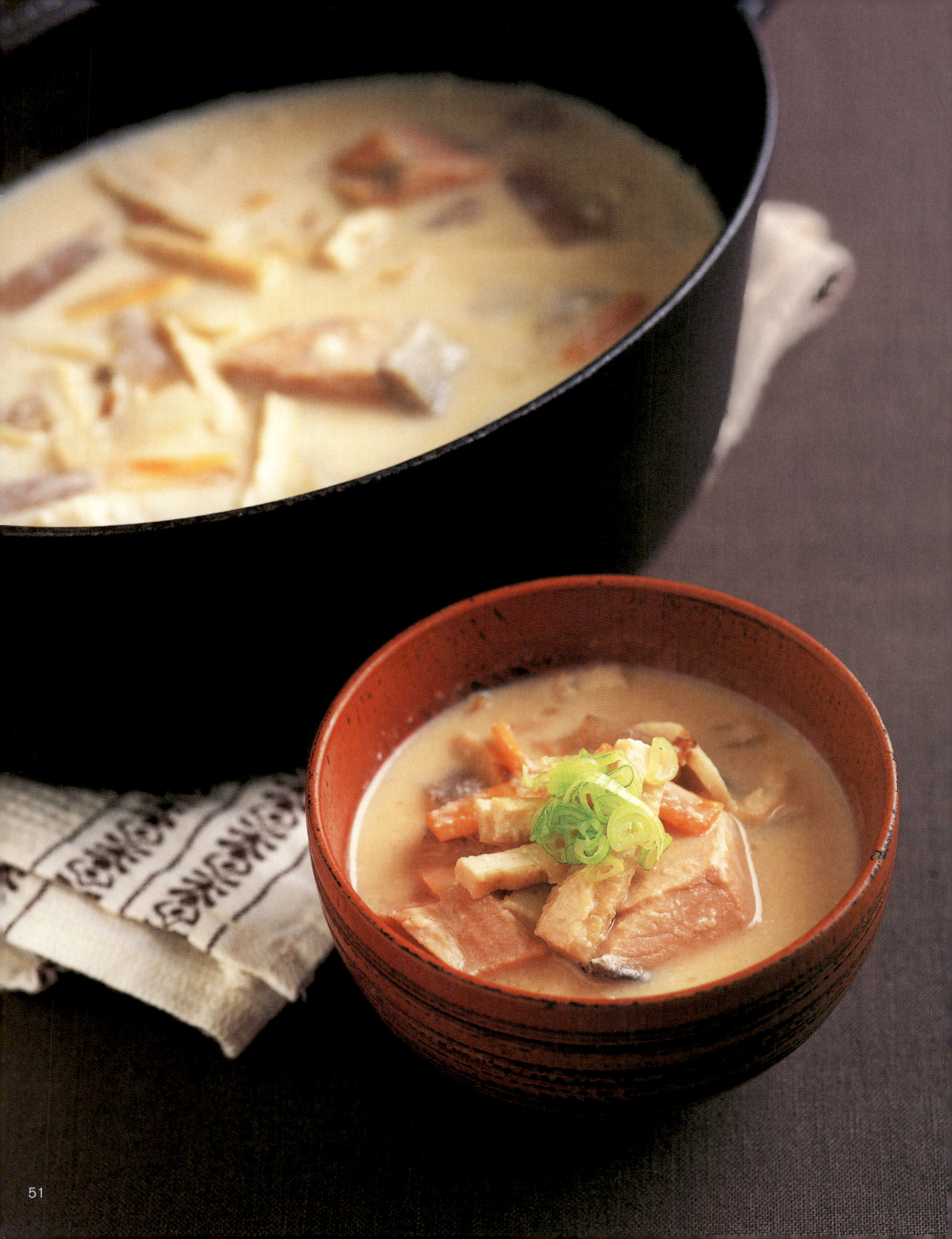

教室トーク その2
基本の調味料・油・スパイス

スーパーの棚にずらりと並ぶ調味料、油、そしてスパイス。どれを選べばいいか、何を揃えればいいか、生徒さんからもよく相談されます。調味料の類は、どの料理にも少量ずつしか使いませんが、必ず使うものですよね。当然、料理の仕上がりにも大きく影響してきます。上等な素材を使っても、調味料や油がいまひとつでは、味も風味も台無し！ 特にドレッシングの油や和え物の酢など、加熱せずに生のまま使う場合、その差は歴然と出るものです。そこで、このページでは、いつも教室で使っている商品たちを紹介しながら、料理の大事な脇役たちの選び方をお伝えします。

肝心なのは、原材料。そう、何から作られているかが大切です。香りも色も味も人工的に作り出せるこの時代、ひとつひとつ私たち自身で確かめながら選ぶ習慣を、身につけなければなりません。まず、産地やブランドのラベルを目安にするよりも、

さ・し・す・せ・そ

"さしすせそ"とは、一般的に基本の調味料とされる砂糖、塩、酢、しょうゆ、味噌のことです。
少量でも毎日口にするので、購入時に裏の表示を確認し、
できるだけ天然の原料だけで作られているものを選びましょう。

塩
海水から作られたお塩がおすすめ。水分を多く含みサラサラではないので、卓上用には鍋で炒って（大きめの鍋に入れ、やや弱火でヘラなどで混ぜながらサラサラになるまで炒る）水分を飛ばして使うか、市販の焼き塩を。

まんべんなく塩をふり入れるには、手のひらをこすり合わせてパラパラ落とす。

砂糖
薄い茶褐色のきび砂糖は、甘さもマイルドで、基本的にはどの料理にも使えます。この本のレシピでも料理教室でも、あえて淡い色で仕上げたいメニューの時にだけ、白色の上白糖を用いています。

味噌
レシピで「味噌」と表記しているのは、一般的によく使われる大豆と米麹と塩で作られた味噌のこと。ほかに、赤い料理（肉料理など）用に赤だし味噌、白い料理（豆腐料理など）用に白味噌を揃えておくと便利です。

しょうゆ
豆のおいしさが生きている、丸大豆のしょうゆがおすすめです。こい口とうす口と2種類を常備して、料理によって使い分けてください（一般的にうす口の方が色が薄く、塩分濃度は高い）。

酢
まろやかでどんな料理にもなじむ米酢が使いやすいです。和食だけでなく、洋風のマリネ液やドレッシングなどに幅広く使えます。生のまま使うことも多いため、味や風味は重要です。

Relishで使っているのは…

「麹みそ」
（ense）
野菜を卸してくれている地元・大山崎の農家、小泉さんの自家製味噌。

「特選丸大豆しょうゆ」
（キッコーマン）
丸大豆しょうゆのなかでも流通が多く、手に入りやすい。

「京酢 加茂千鳥」
（村山造酢）
京都・三条の老舗メーカーの酢。ツンとしすぎず、まろやか。

「赤穂の天塩」
（天塩）
素材本来の旨味を引き出してくれる塩。価格的にもお手頃。

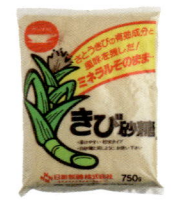

「きび砂糖」
（日新製糖）
細かい粉末状なので溶けるのも早く、料理に使いやすい。

裏の成分表示を確認してみてください。だしと同様に、天然の素材を原料にしているもの、さらに天然素材そのものだけで作られているものであれば、より好ましいでしょう。かといって、最高級品を各地から取り寄せればいいということではありません。手頃な価格で安全で味もいい、さらに地元で作られていれば理想的です。これは、調味料の類に限らないことですが、地元のものなら空輸などのコストやエネルギーはおさえられます。さらに、製造工程や生産者の心意気など、作り手側のことも把握しやすい。野菜や果物は作り手のことが意識されはじめていますが、調味料や油やスパイスだってと同じこと。安心できておいしい地元産の名脇役たちをもっと伝えたい……。生活雑貨を扱うレリッシュが、京都で作られているごま油や米酢などを扱っているのは、そんな思いがあるからなのです。

油

ドレッシングやパスタなど、生のまま使う場面も多く、素材に絡むため、料理の味わいに大きく影響するのが油です。
個性の違うサラダ油・ごま油・オリーブ油の3種類を常備して、料理ごとに使い分けましょう。

オリーブ油

生のまま使うことも多いので、常備するならピュアオイルより香りが高いエキストラバージンオイルを。高価なほどしつこくないなど、価格によって香りや味わいにかなり差があります。できる限り奮発したいところです。

ごま油

炒め物の仕上げなど、少量たらすだけで料理全体の風味を豊かにしてくれるごま油。何よりも香りの高いものがおすすめですが、人工的な香りのついていないものを選んでください。

サラダ油

揚げ油など、香りやクセのない油を使いたい時には無色のサラダ油を使いましょう。いろいろな種類がありますが、米油やひまわり油などは、遺伝子組み換えのない素材を原料にした商品が多く出ているのでおすすめです。

キッチンペーパーで油をこす方法
キッチンペーパーを2つ折りにする。三角になるように両端を手前と向こう側に折る。
中央に油を注げば脇からもれずきれいにこせる。

スパイス

シナモン、ナツメグ、粒コショウの3つは使う場面が多いので常備しておくと便利。
風味を引き立てたり、臭みを消したり、味にアクセントをつけたり、
たったひとふりで料理の仕上がりに差がつきます。

シナモン

料理に使いやすいのはノンシュガーで粉末タイプ。少量で風味をグンと引き出してくれます。中華メニューやエスニック風の料理に試してみてください。

ナツメグ

肉の臭み消しに活躍。肉料理は生臭さが残っていると、味の印象が全く変わってしまうのでひとふりを忘れずに！ 特に牛肉には使用必須のスパイスです。

粒こしょう（黒）

ひきたてが香り高いため、使用時にひける粒での常備がおすすめ。煮込む時などは粒のまま使うと、鍋底に沈み浮かんでこないのでアクがすくいやすいです。

Relishで使っているのは…

「黒胡椒（原形）」
「ナツメッグ（粉末）」
「シナモン（粉末）」
（すべて朝岡スパイス）

「手絞りごま油」
（山田製油）
料亭などでも使われている、京都・山田製油のごま油。一番搾りで香りが高い。

「エキストラ・ヴァージン・オリーブオイル 250ml」
（alce nero）
イタリア産のエキストラバージンオイル。オーガニックで香りが高く、ドレッシングに最適。

「おうちカフェ」コース
〜仲間との会話も弾むワンプレートのレシピ〜

親しい友人とみんなでわいわい、例えば幼い子どももいっしょにランチタイムを楽しみたい……。

「おうちカフェ」コースは、心地のいいカフェでいただくランチのようなちょっぴりにぎやかなワンプレートメニューの提案です。

簡単アレンジご飯に、主菜、サラダ、汁物、プチデザート。せっかくのワンプレートだから、ウキウキするような彩りで、味が混ざっても不自然にならない、そんな素材の取り合わせを意識しています。

「こんなふうに盛りつけると、何だかおしゃれでおいしそう！」テーブルに着いた生徒さんたちはいつもいつも、大きな笑顔を咲かせてくれます。

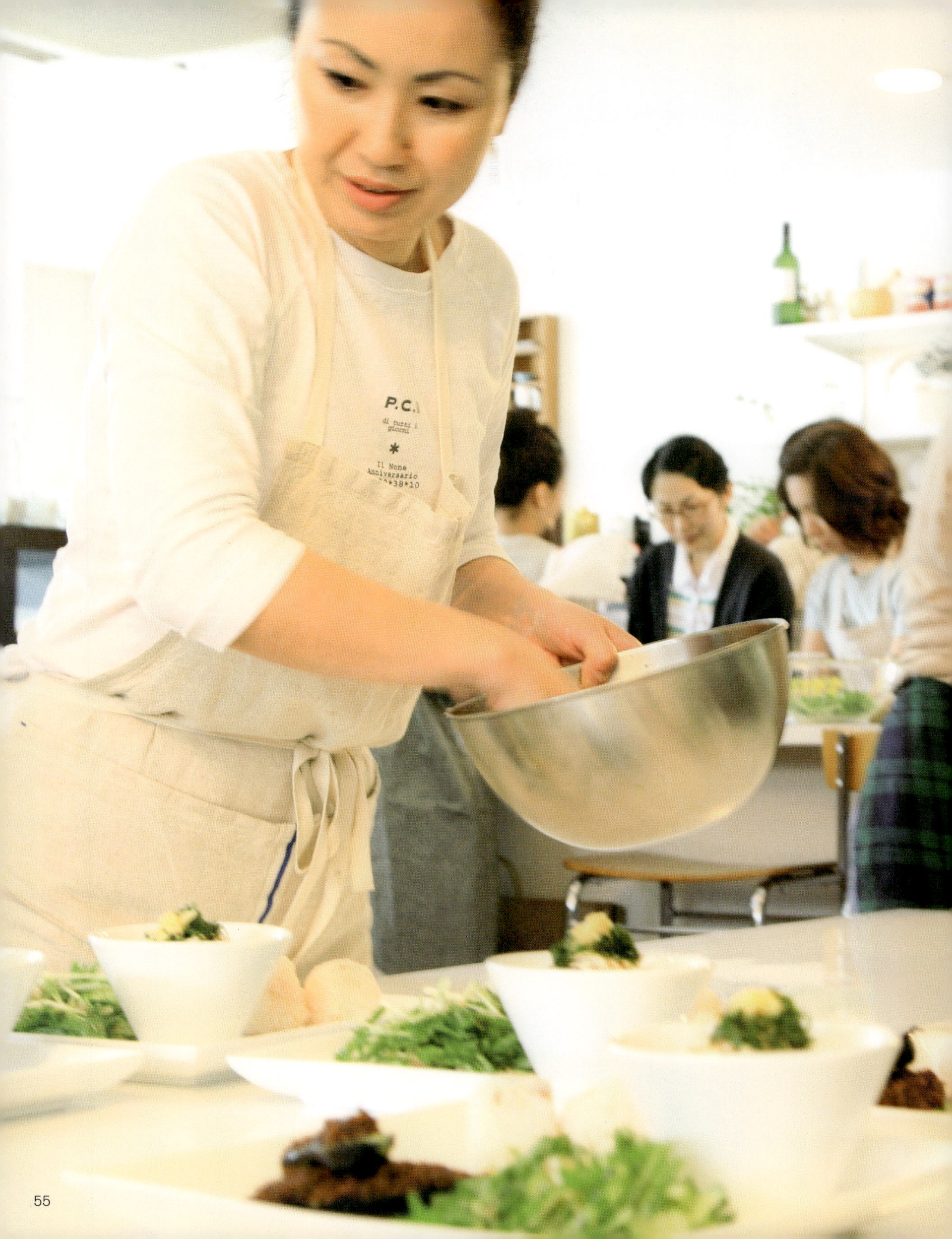
P.C.
di tutti i
giorni
*
Il None
Anniversario

プレートその1　和風

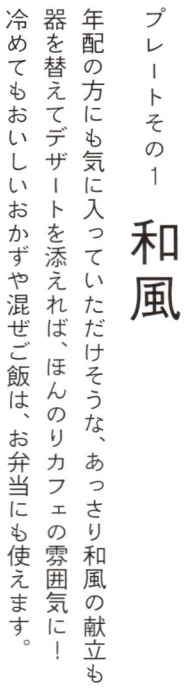

年配の方にも気に入っていただけそうな、あっさり和風の献立も器を替えてデザートを添えれば、ほんのりカフェの雰囲気に！冷めてもおいしいおかずや混ぜご飯は、お弁当にも使えます。

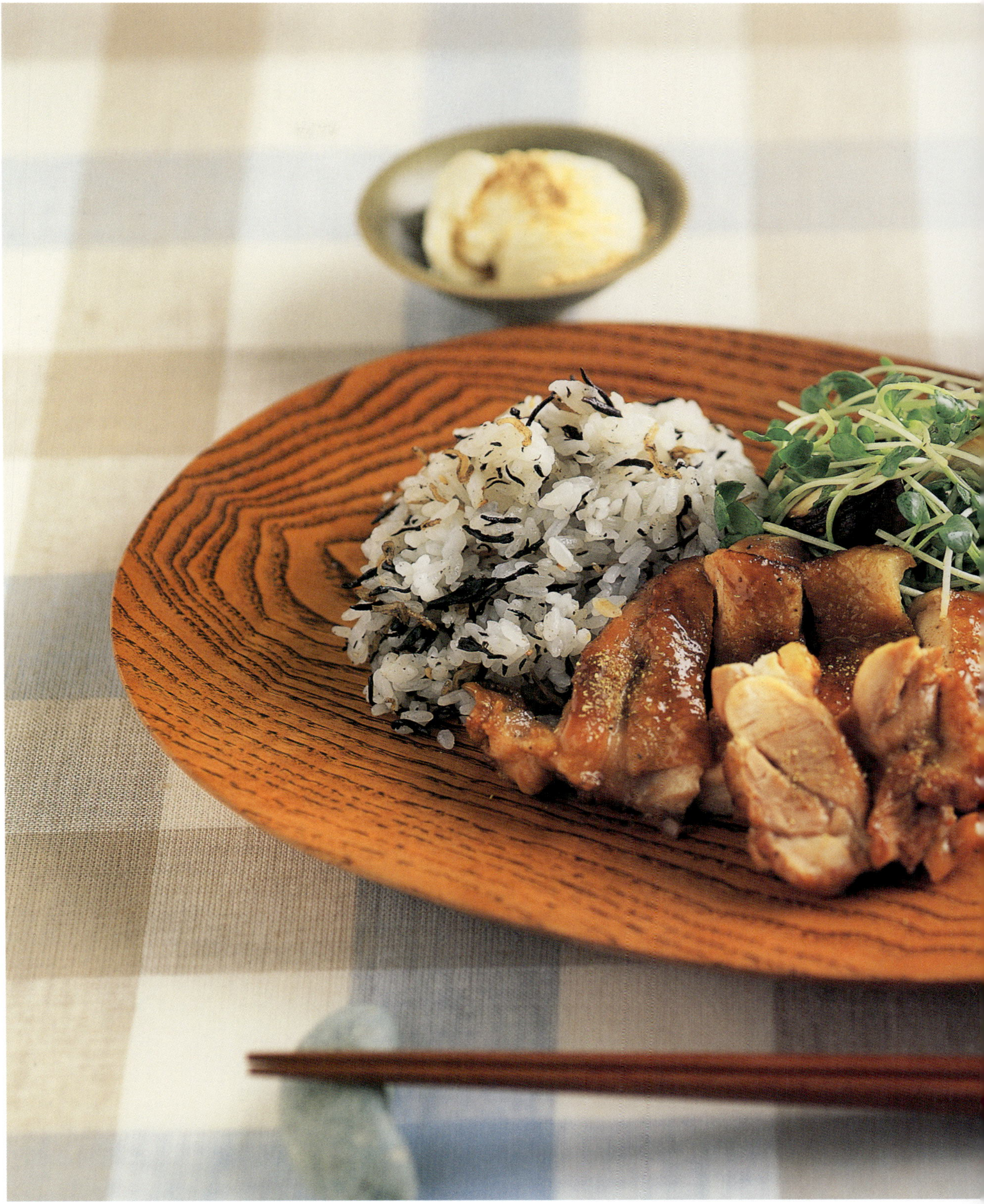

さつまいもの味噌汁

○材料(4人分)
さつまいも(小) …… 1本
九条ねぎ(青ねぎ)
…… 1/2本
だし汁 …… 3カップ
味噌 …… 大さじ3

○作り方
1. さつまいもは皮ごと1.5cm角に切り水にさらしておく。
2. ねぎは小口切りにする。
3. 鍋にだし汁を入れ、水気をきったさつまいもを加えてやわらかく煮たら、味噌を加える。…*
4. 器に盛り、ねぎを散らす。

*…さつまいもは皮つきなので煮くずれしにくいが、くずれないうちに火を止める。

しいたけと貝割れのサラダ

○材料(4人分)
しいたけ …… 4枚
貝割れ大根 …… 2パック
かつおぶし …… 適量
レモン …… 適量
A ┌ 砂糖 …… 小さじ1/2
　├ 酢 …… 大さじ1
　├ しょうゆ …… 大さじ1
　└ ごま油 …… 大さじ1

○作り方
1. しいたけは石づきを切り落とし、軸はついたまま、包丁でかさに切れ目を入れ、手で8等分に裂く。…*
2. フライパンに油をひかず、1をさっと強火で焼き、焦げ目をつけて香ばしくする。
3. 貝割れ大根は根を切り落とし、水気をきる。
4. 2、3、かつおぶしを混ぜ合わせ、皿に盛る。
5. Aのドレッシングをかけ、薄く切ったレモンを添える。

*…しいたけは、洗わずにキッチンペーパーでやさしく汚れを拭き取る。こうすると水っぽくならず香りも残る。包丁で切れ目を入れるだけで、手で簡単に裂ける。

鶏の照り焼き山椒風味

○材料(4人分)
鶏もも肉
　…… 2枚(約600g)
塩・コショウ …… 各少々
ごま油 …… 少々
山椒の粉 …… 少々
A ┌ 砂糖 …… 大さじ1 1/2
　├ しょうゆ …… 大さじ1 1/2
　├ みりん …… 大さじ1 1/2
　└ しょうが汁 … 小さじ1

○作り方
1. 鶏肉は白っぽい脂を取り除き、肉厚な部分は深めに切り込みを入れる。水気を拭き取り、塩・コショウをしておく。
2. フライパンを熱し、鶏肉を皮目から焼く。焼き色がついたら裏返し、出てきた脂をキッチンペーパーで拭き取りながら、蓋をせずに中火で焼いていく。…*
3. 中まで火が通ったらAを加え、強火にしてしっかり絡め、最後にごま油で香りをつける。…**
4. 3を少し冷まし、肉汁が落ち着いたらそぎ切りにする。皿に盛りつけ、山椒の粉をふる。

*…皮目を焼きつけるようにして、あまり動かさない。切り込みをしっかり入れておけば、蓋をしなくても火が通り、パリっと仕上がる。

**…一番厚い部分に串をさして透明の肉汁が出てきたら、中まで火が通っている証拠!(生なら赤色が混じる)

きなこアイスクリーム

○材料（4人分）
バニラアイスクリーム
（市販のもの）
……1カップ（200cc）
きなこ……適量

○作り方
1. バニラアイスクリームを大きめのスプーンで器に盛る。
2. きなこをかける。…*

*…香ばしいきなこをかけるとコクが出て、上品な和風の味わいになる。

おしょうゆ風味で
ほっと安らぐ
和みプレート

じゃこひじきご飯

○材料（4人分）
ご飯（温かいもの）
……茶碗4杯分
ひじき（生）……40g
ちりめんじゃこ
……大さじ2
白ごま……大さじ1
ごま油……大さじ1
A ┌ 砂糖…大さじ1/2
　├ しょうゆ…大さじ1
　└ みりん…大さじ1

○作り方
1. ひじきはさっと洗い、軽く手でしぼって水気をきり、ごま油でちりめんじゃこといっしょにさっと炒める。…*
2. 1にAを入れ、さらに水分を飛ばしながら3分ほど炒め、白ごまを加えて火を止める。
3. 温かいご飯に2を混ぜ合わせ、皿に盛る。

*…乾燥ひじきなら分量は大さじ2程度。水でよく戻して使う。

プレートその2 洋風

パン＆スープの洋風メニューは、子どもたちも大好きなグラタンつき。
陽気な彩りのプレートだからテーブルクロスにもこだわって、
親子でうきうきランチの時間、みんなを誘って楽しみましょう。

61

かぼちゃとにんじんのポタージュ

○材料（4人分）
かぼちゃ（中）……1/4個
にんじん……1/2本
スープ
　┌ 水　1カップ
　└ 固形コンソメ　1/2個
牛乳……1/2カップ
生クリーム……1/2カップ
塩・コショウ……各少々
ローリエ……1枚
パセリ（刻んでおく）…適量

○作り方
1. かぼちゃは種と皮を取り、にんじんは皮をむき、ともにひと口大に切る。…*
2. 鍋にスープを入れ、1を加えてやわらかくなるまで煮る。
3. 2と牛乳をミキサーにかけ、なめらかになったら鍋に移す。
4. ローリエを加えて沸騰しないように弱火で温め、塩・コショウで味をととのえる。
5. 4に生クリームを加え、温まったら火を止める。
6. カップに注ぎ、パセリを浮かべる。

＊…かぼちゃの皮はかたいので、皮をむく時は包丁をまな板に向かって入れる。皮はバターで焼き、シナモンシュガーをまぶしておやつに！

ベーコンときのこのグラタン

○材料（4人分）
ベーコン……100g
しめじ……1パック（約100g）
玉ねぎ……1/2個
ナツメグ……少々
ピザ用チーズ…120g
パン粉……大さじ2
オリーブ油……適量
ホワイトソース
　┌ バター……30g
　│ 小麦粉……大さじ3
　│ 牛乳……1 1/2カップ
　└ 塩・コショウ……各少々

○作り方
1. ベーコンは幅1cmに切る。
2. しめじは石づきを切り落とし、小房に分ける。
3. 玉ねぎは2等分に切り、薄く切る。
4. ホワイトソースを作る。…*
5. 熱したフライパンにオリーブ油をひき、1～3を入れ、塩・コショウ（分量外）とナツメグで味つけしながら中火でしんなりするまで炒める。
6. ホワイトソースに5を入れ、耐熱の器に注ぐ。チーズをのせてオリーブ油をまぶしたパン粉をその上にのせ、230℃のオーブンで10分ほど焼く。

＊…電子レンジでホワイトソースを作る方法

①耐熱ボウルの中央にバターをおき、そのまわりに小麦粉を入れて、少し溶けるまで温める（700wで約20秒）。この時ラップをしない方が、粉臭さが消える。

②全体を泡立て器を使ってざっくり混ぜ、さらに牛乳を半量入れて混ぜたら、再び表面がうっすらかたくなるまで温める（700wで約30秒）。

③再度全体を混ぜてから、残りの牛乳を加えてさらに混ぜ、②と同じように表面がうっすらかたくなるまで温めてトロリとさせ、塩・コショウで味をととのえる。

🏠…鍋で作る場合も、バターと小麦粉を加熱し、少しずつ牛乳を入れながら混ぜては温めてを数回繰り返していくと、焦げずにダマもできにくく、トロリとした仕上がりに。最後に塩・コショウで味をととのえます。

オレンジヨーグルト

○材料（4人分）
オレンジ …… 2個
ヨーグルト（プレーン）…… 1カップ
はちみつ …… 適量
ミントの葉 …… 適量

○作り方
1. オレンジは白い部分まで皮を包丁でそぎ落とし、薄皮からひと房ずつはずしていく。…*
2. 1とヨーグルトを混ぜ合わせて器に盛り、はちみつをかけてミントの葉を飾る。

＊…果肉だけひと房ずつ包丁を使ってはずす。

ガーリックトースト オレガノ風味

○材料（4人分）
フランスパン …… 1/2本
にんにく …… 1片
A ┌ オレガノ（ドライ）…… 適量
  │ オリーブ油 …… 適量
  └ コショウ …… 適量

○作り方
1. フランスパンは縦長の食べやすい大きさに切る。
2. にんにくをすりおろし、Aと混ぜ合わせる。
3. フランスパンに2をぬり、トースターでカリッとなるくらいに焼いて皿に盛る。

とろ〜リチーズに
笑顔はじける
元気プレート

豆まめサラダ

○材料（4人分）
えんどう豆（豆のみ）…… 1/2カップ
絹さや …… 8本
三度豆（いんげん）…… 6本
キドニー（金時豆）…… 1/2缶（約60g）
赤玉ねぎ …… 1/2個
セロリ …… 茎 1/3本、葉 適量
ローリエ …… 1枚
A ┌ マスタード（粒なし）…… 小さじ1
  │ 塩・コショウ … 各少々
  │ レモン汁 … 大さじ1/2
  └ オリーブ油 …… 大さじ2

○作り方
1. えんどう豆はサヤからはずす。絹さやと三度豆はヘタと筋を取る。
2. ローリエと塩（分量外）を入れた湯に、1をいっしょに入れ、1分ほど茹でる。
3. 穴開きおたまなどで豆をすべて取り出し、三度豆は2〜3等分に切る。残った茹で汁（熱湯）にキドニーをさっとくぐらせる。…*
4. 赤玉ねぎ、セロリはみじん切りにし、水に5分ほどさらしてから水気をしっかりきる。
5. 3と4をAのドレッシングで和える。
6. 皿にセロリの葉を敷いて盛りつける。

＊…ローリエの入った熱湯にくぐらせると、缶詰特有の臭みが消える。

プレートその3　アジアン

お家で育てたコリアンダーに香ばしい松の実ごはん。ちょっぴりアジアなランチプレートは、ビールとも相性よし！友人を招いてのんびりくつろぐ、休日ブランチにもおすすめです。

65

春雨ときゅうりのサラダ

○材料(4人分)
春雨 …… 15g
きゅうり …… 1本
卵 …… 1個　ハム …… 4枚
塩 …… 少々
サラダ油 …… 適量

A ┃ 砂糖 …… 大さじ2
　 ┃ 酢 …… 大さじ2
　 ┃ うす口しょうゆ …… 大さじ1
　 ┃ 塩・コショウ …… 各少々
　 ┃ ごま油 …… 大さじ1

○作り方
1. 春雨は茹で戻し、水気をきって食べやすい長さに切る。
2. きゅうりはナナメ薄切りにし、さらにせん切りして水にくぐらせておく。
3. 卵はしっかり溶いて、塩を加えて混ぜる。フライパンを強火で熱し、サラダ油をひいて卵を一気に流し込み、ふわっとしたスクランブルエッグを作り、冷やしておく。…*
4. ハムは2等分に切り、細く切る。
5. 1〜4をAで和え、皿に盛る。

*…卵を一気に流し込み、フライパンを揺すりながら菜箸で素早く大きくかきまわし、10秒ほどで火を止めて余熱で仕上げると、ふわっとしたスクランブルエッグに!

あじのカリッと揚げ

○材料(4人分)
あじ(大) …… 1尾
片栗粉 …… 適量
揚げ油 …… 適量
(あじがつかる程度)

A ┃ しょうゆ …… 大さじ1
　 ┃ 酒 …… 大さじ1
　 ┃ しょうが汁
　 ┃ …… 小さじ1

○作り方
1. あじは三枚におろし、ひと口大に切る。…*
2. 1をAに10分ほど漬け込んだ後、漬けだれを軽くふり落として片栗粉をまぶす。
3. フライパンに油を熱して2を入れる。ひっくり返しながら中火で5分ほど揚げ焼きにし、皿に盛りつける。

*…あじを三枚におろす方法(頭の方からおろす場合)

①表面のウロコを取る。ウロコが飛ばないように、氷水の中で包丁の背を尾から頭に向けて動かす。

②ぜいごを取る。ぜいごとは尾の近くにあるとがったかたい部分のこと。尾のつけ根からそぎ取る。

③頭を落とす。ヒレを頭の方にひっぱって、ヒレのつけ根からナナメに包丁を入れる。

④内臓を取り除く。腹に切り込みを入れて、内臓を取り除き、きれいに洗う。

⑤上の身をはずす。腹を手前に置き、中骨の上に包丁を入れて刃をそわせながら二枚に開く。

⑥二枚おろしにする。

⑦下の身をはずす。⑥の中骨が残っている方を裏返しにして背を手前に置く。⑤と同じ要領で身をはずす。

⑧三枚おろしの完成。

🏠…フライにするなら、さらに皮をひく(はぐ)方が食べやすいです。カリカリに揚げる場合はこのままでOK。

桜エビと松の実のご飯

○材料（4人分）
桜エビ（乾燥）…… 10g
松の実 …… 大さじ2
ご飯（温かいもの）
…… 茶碗4杯分
ごま油 …… 適量
塩・コショウ …… 各少々
香菜（コリアンダー）
…… 適量

○作り方
1. 桜エビと松の実をフライパンに入れ、弱火で香りがたつくらいまで、から煎りする。
2. 温かいご飯に1、ごま油、塩・コショウを加えて混ぜる。
3. 皿に盛り、香菜を添える。

シナモンバナナ

○材料（4人分）
バナナ …… 1本
レモン汁 …… 小さじ1
シナモン …… 少々

○作り方
1. バナナは皮をむき、乱切りにする。
2. 1にレモン汁を絡ませ器に盛り、シナモンをふる。…*

*…レモン汁を加えるとバナナが黒く変色しない。甘さも抑えられ、そのままで食べるより味わいも華やかになる。

身近な素材に
アジアが香る
くつろぎプレート

チンゲン菜のスープ

○材料（4人分）
チンゲン菜 …… 1株
ワンタンの皮 …… 4枚
A ┌ スープ
　│　┌ 水3カップ
　│　└ 鶏ガラスープの素 大さじ1
　├ しょうゆ …… 大さじ1
　├ 紹興酒 …… 小さじ1
　├ 塩・コショウ …… 各少々
　└ しょうが汁 …… 小さじ1/2

○作り方
1. チンゲン菜は葉と芯に切り分け、葉は食べやすい大きさに、かたい芯の部分は縦4等分に切る。
2. 鍋にAを入れ、温めてスープを作り、チンゲン菜を加えて5分ほど煮る。…*
3. ワンタンの皮を短冊状に切って鍋に加え、ひと煮立ちしたら火を止め、器に盛る。…**

*…しょうが汁を加えることで、チンゲン菜の青臭さが消える。

**…ワンタンの皮がなければギョウザの皮でもOK。

教室トーク その3
味わいを高める香味野菜たち

独特な味と香りで、和洋中それぞれの料理に欠かせない香味野菜。メインの素材ではないために"引き立て役"に思われますが、実はおいしさを"引き出す"重要な存在！ここでは毎日の料理に使いやすいものをピックアップしてみました。

まず、にんにくとしょうがは必ず常備しておきたいもの。肉や魚介の臭み消しとしても有効ですが、わずかな量でも料理そのものの味わいをぐっと引き出してくれます。同じレシピでも、入れるのと入れないのでは全く別物に仕上がります。

よく「せっかく買っても使いきれず、最後には捨てることになってしまう……」そんな声を聞きますが、困った時はひとかけらでもオイル漬けや酢漬けにするなど、工夫をしてみてください。捨てないで済み、そのうえ

しょうが

毎日のごはん作りに欠かせない香味野菜です。皮は肉を茹でる時などに丸ごと入れて臭み消しに活用してください。余ったら甘酢漬けなどで使い切りたいですが、みじん切りにして冷凍保存もできます。

みじん切りの手順＆保存方法

1. 使う分の大きさに切って皮をむく。
2. 包丁を寝かせて上にのせる。
3. 両手を重ねて力を入れ、押しつぶす。
4. みじん切りにする。

（保存）ラップでしっかり空気を抜いて包み、冷凍保存を。

●使い切りレシピ　しょうがの甘酢漬け

材料
しょうが … 1片（約30g）
砂糖 … 大さじ1
塩 … 小さじ1/3　酢 … 大さじ1

1. しょうがは皮をむき、薄切りにして水に30分ほどさらしてから水をきる。
2. 砂糖・塩・酢を混ぜ合わせて甘酢を作る。
3. しょうがを2に30分以上漬ける。

＊1の水は捨てずにスープなどで利用したい。
＊辛いのが苦手なら水に長くさらしておくとよい。

寿司に添えたりサラダに加えたり、きゅうりと和えて酢の物感覚で食べてもおいしい。

にんにく

少量でも香りや味にアクセントを与え、料理の仕上がりを左右する大事な香味野菜です。残ったら干からびてしまう前に、みじん切りにして冷凍保存するか、にんにくチップなどに活用しましょう。

みじん切りの手順＆保存方法

1. 使う分だけ房からはずす。
2. 皮つきのまま、ひとかけらずつ包丁を寝かせて上にのせる。
3. 両手を重ねて力を入れ、押しつぶす（皮は自然にはずれる）。
4. みじん切りにする。

（保存）ラップでしっかり空気を抜いて包み、冷凍保存を。

●使い切りレシピ　にんにくチップ

材料
にんにく … 1片
オリーブ油 … 大さじ2

1. にんにくは皮をむき、薄く切る。
2. フライパンにオリーブ油を入れ、にんにくをバラバラに広げて入れる。
3. 中火で加熱し、泡が出てきたら弱火にしてフライパンを揺すりながらかき混ぜる。
4. きつね色になってきたら、火を止める。

＊小さめのフライパンだと作りやすい。

パスタやサラダのトッピングに。手で砕き、焼きたてのお肉の上に散らしても風味が出る。

68

生とはまた違った使い方ができるので、料理の幅も広がるはずです。

ほかにもハーブ類やレモンなど、臭み消しに活躍したり味のアクセントになったり、優秀で手に入りやすい素材ばかりを紹介していますが、どれも乾燥のものよりフレッシュなものを使うことをおすすめします。なかには家庭で簡単に育てられるものもありますし、味はもちろん、とにかく香りが断然高いからです。

この香り、私は料理をおいしくするとても大切なものだと思っています。作っている最中に立ち上り、台所から家族の集う食卓へと漂うごはんの匂い……。これは待っている人の料理をイメージさせる幸せな刺激です。さらに、できあがって食卓に並んでからも、作りたての温かい料理だからこその香りがあります。さっと出てきたお惣菜とも、買ってきたレストランの料理とも、お家で作るごはんならではの香り。こういう香りが"おいしい"という感覚をいっそう膨らませてくれると思うのです。

レモン

しぼり器を使わなくても、うす皮を包丁で切れば、汁がたっぷりしぼれる。

しぼり汁をよく使います。ドレッシングのほか、たこや貝柱など、魚介を生で使う時にひとふりすれば臭み消しにも。くし型に切り、中央の白い部分を切り落として冷凍保存しておけば、しぼり汁は使えます。

大葉

鉢植えでも簡単に育てられる夏の一年草。盛りつけの飾りだけでなく、麺類の薬味や、ちらし寿司の具材、手でちぎってサラダに散らすなど、さまざまな使い方を試してみてください。

セロリの葉

香りが高いので臭み消しにも使えます。サラダにするイメージが強いですが、刻んでじゃこと炒めたり、スープの具材にしたり、加熱料理にも使ってみてください。

バジル

大葉と同様、家で簡単に栽培できる夏のハーブです。香りも高く夏野菜との相性は抜群。収穫すると基本的に長くは持たないので、余ったらペーストにしてパスタソースやドレッシングに使いましょう。

タイム

盛りつけの時に添えるだけで、食卓をぐっとおしゃれな雰囲気にする、そんなハーブです。フレッシュなものはとても香りが高いので、フライの衣やマッシュポテトなど、小さい葉を茎からはずしていろいろな素材に混ぜてみてください。

パセリ

料理に添えるだけでなく、マヨネーズやフライのパン粉などに刻んで混ぜ込むのもおすすめ。保存するなら、洗って水気を拭き取り、キッチンペーパーに包んでペシャンコにしてからビニール袋に入れ冷凍すると、長持ちします。

ローリエ

市販のものは乾燥が一般的ですが、フレッシュな方が香りがやさしいハーブです。大きめの鉢植えなら半日蔭の場所でも育ちます。煮込み料理やスープのほか、缶詰の豆や魚介類を茹でる時にも、1枚入れるだけで臭みが取れます。

●使い切りレシピ バジルペースト

材料
バジル … 約15枚　松の実 … 大さじ1
オリーブ油 … 大さじ2
塩・コショウ … 各少々

1. バジルは洗って水気を取り、すりつぶす。
2. 松の実を入れてさらにすりつぶしペースト状にする。
3. 2にオリーブ油と塩・コショウを加え、なじませるように混ぜる。

＊小さめのすり鉢だと作りやすい。

松の実がなければ、ごまやピーナッツでもOK。すりおろしたにんにくと和えてパンにぬるのも美味。

「カジュアルおもてなし」コース
～大切な人が集うひと時の献立＆レシピ～

「何品も作りたいけれど段取りがわからない……」
「どうすれば華やかに見えるかしら……」
これは、親戚や仕事関係の方など、
大事な人を家に招きたいという生徒さんから、
よく持ちかけられる相談ごとです。
ゴージャスなだけでなく、
手料理ならではの心のこもったおもてなし。
そんな、お客様といっしょに楽しむひと時のためのレシピを
盛りつけも含めて学べるのが「カジュアルおもてなし」コースです。
素材に少しだけこだわったり、
とっておきの器に盛りつけたり。
季節感をさりげなく演出したり。
いつものメニューにほんのりおめかしするように
ひと工夫するだけで、すてきなシーンは作れるもの。
ここでは四季に合わせた4つの献立を紹介します。

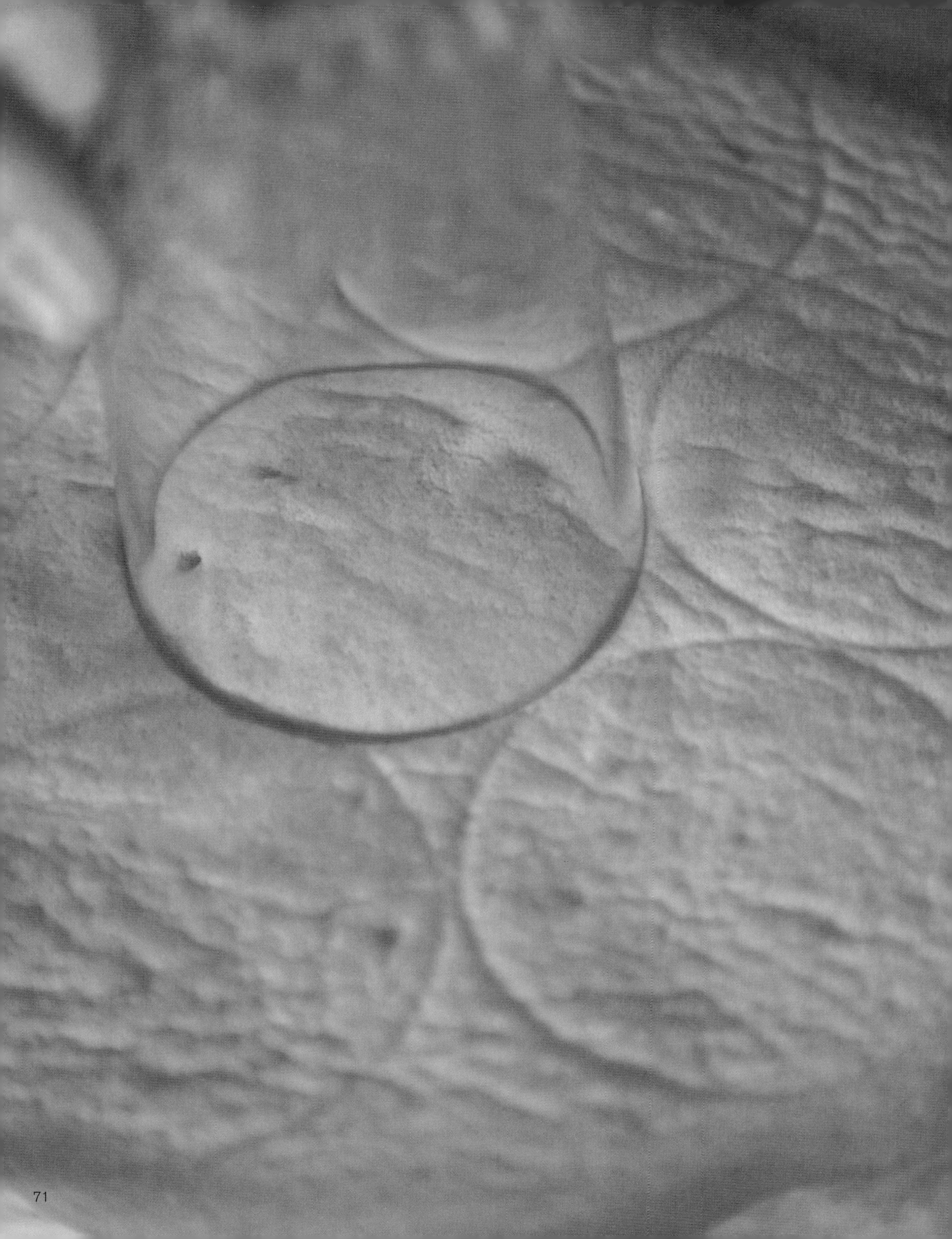

春のおもてなし

春は、新キャベツや新玉ねぎ、新じゃがなど、水分をたっぷり含んだ野菜が出揃う季節です。この旬の野菜をふんだんに使いながら、春らしい彩りの献立を考えてみました。キャベツの黄緑、卵の黄色、生ハムのピンク。すべての料理が並んだテーブルは、ふわりとやさしい春の装いです。

おもてなしの料理でまず大事にしたいのは、この"すべての料理が揃った時"のバランスです。スープ、サラダ、メインなど、料理構成のバランスは皆さん想像しやすいと思いますが、素材や彩り、そして特に味つけについても偏らないように気をつけてください。例えばここで紹介している献立なら、春を意識した淡い味わいばかりで飽きてしまわないよう

に、オムレツはあえてカレー味にしています。このように、一品だけでもインパクトのある味つけにすると、ほかの料理もそれぞれ引き立ってくるものです。
　そしてもうひとつ、料理を一斉に並べて皆がそれぞれ取り分けていただくビュッフェスタイルにする場合、このオムレツのような大皿料理や鉢に盛りつけるサラダなどは、具材も味もまんべんなく混ざっているように仕上げましょう。どの部分を誰がすくっても、変わらぬ味わいを楽しめるようにするためです。お招きしたお客様がスムーズに料理を取り分けられ、同じように味わっていただくための工夫、これも大事なおもてなしの心得です。

キャベツとベーコンの重ねスープ煮

○材料（4人分）
- 春キャベツ（大） …… 1/4個
- ベーコン（約20cm）…… 8枚
- にんにく …… 1片
- スープ
  - 固形コンソメ 1/2個
  - 水 1 1/2カップ
- ローリエ …… 1枚
- 粒コショウ …… 5〜6粒
- 塩 …… 少々
- 生クリーム …… 大さじ1
- パセリ（刻んでおく）…… 適量

○作り方
1. にんにくは薄切りにする。
2. キャベツは芯をつけたまま4等分にくし切りにし、手で隙間を作って間にベーコンとにんにくを挟み込み、外側から内側へ2か所ほど爪楊枝を刺して、バラバラにならないように留める。
3. 鍋にスープ、ローリエ、粒コショウを入れ、2をそっと並べて蓋をし、沸騰するまで強火で煮る。アクが出てきたら丁寧にすくい、弱火にして15〜20分ほど煮る。
4. キャベツがくたっとなったら塩で味をととのえて、生クリームを加えたら火を止める。
5. 形がくずれないようにゴムベラなどで器に盛り、爪楊枝をはずしてパセリを飾る。

カレーポテトオムレツ

○材料（4人分）
- じゃがいも（中）…… 2個
- 合びき肉 …… 100g
- 玉ねぎ 1/2個　しょうが 1片
- セロリ 1/2本　卵 6個
- ピザ用チーズ …… 120g
- ナツメグ …… 少々
- 塩・コショウ …… 各少々
- カレー粉 …… 小さじ1
- ケチャップ …… 大さじ2
- オリーブ油 …… 適量

○作り方
1. じゃがいもは皮ごと4つに切り、耐熱皿に皮を下にして並べ、ラップをして電子レンジで加熱する（700wで5〜8分）。やわらかくなったら、身側をフォークで刺しながら手で皮をむき、そのままのフォークで粗くつぶす。（熱いうちにめくる）
2. 玉ねぎ、しょうが、セロリはみじん切りにする。
3. 卵とチーズをボウルに入れ、しっかり混ぜ合わせる。
4. フライパンに合びき肉と2を入れ、ナツメグと塩・コショウを加えて炒める。肉に火が通ったら火を止め、カレー粉とケチャップを加えてしっかり混ぜ、さらに1を混ぜ合わせて皿に移しておく。
5. フライパンを洗い、強火にしてオリーブ油をひいて3を一気に流し込む。空気を入れるように菜箸で大きくかき混ぜ、チーズが溶け出したら火を止める。
6. 5に4の具を戻し入れ、全体をざっくり包んだら、皿にセロリの葉など好みの野菜を敷いて上に盛る。

いちごのミニケーキ

○材料(4人分)
いちご … 16粒　卵 … 2個
小麦粉 … 60g　ミントの葉 … 適宜
砂糖(上白糖) … 60g
バター(溶かしておく) … 20g
バニラエッセンス … 少々
A ┌ 生クリーム … 1カップ
　└ 砂糖 … 大さじ2
B ┌ レモン汁 … 適量
　└ 砂糖 … 大さじ1

○作り方
1. 大きめのボウルに卵を割り入れ、砂糖を加えて湯せんで温めながら泡立てる。5分ほどで湯せんからはずし、さらに泡立て器で線が描けるくらいまで泡立てる(白っぽくなる)。
2. 1に小麦粉をザルなどでふるいながら2～3回に分けて入れ、その都度、粘り気が出ないようにゴムベラで底からすくいつつ、粉が消えるまで混ぜ込む。
3. 2にバターとバニラエッセンスを加えてよく混ぜ、天板に約25cm四方にオーブンシートを広げ、四辺を幅2cmほど折り上げて上に流し込み、170度のオーブンで10分ほど焼く。
4. Aをよく泡立てて、生クリームを作る。いちごは縦2つに切りBを絡め、ツヤが出るまでしばらくおく。
5. 3が冷めたら、コップの縁を表面に押しあてて丸い型をつけ、これを目印に包丁でくり抜いて切り分ける。皿の上で、スポンジに生クリーム、いちご、ミントの葉を飾りつける。

春野菜の
サラダパスタ

○材料(4人分)
うど … 10cm
菜の花 … 1/2束(12本程度)
絹さや … 12枚
せり … 1/2束(10本程度)
たけのこ(水煮) … 100g
生ハム … 8枚
パスタ … 100g
オリーブ油 … 大さじ2
塩・コショウ … 各少々
レモン … 1/2個

○作り方
1. うどは皮をむいて長さ5cmに切り、さらに薄切りにしてごく薄い酢水(分量外)にさらす。…*
2. 菜の花と絹さやは塩(分量外)を加えた湯でさっと茹でる。せりは3cmに切る。
3. たけのこは2の茹で汁(熱湯)にさっとくぐらせ、切り口が同じ形になるよう放射状に縦に薄切りにする。
4. 生ハムは2等分に切る。
5. 鍋に塩(分量外)を加えた湯でパスタを茹で、水で洗ったらザルに上げ水気をきりボウルに移してくっつかないようにオリーブ油を和えておく。
6. パスタに1～4を混ぜ合わせ、塩・コショウで味をととのえる。皿に盛りつけてレモンをしぼる。

*…酢水にさらすと変色しない。

ローズマリー
チキンスティック

○材料(4人分)
手羽先 … 4本
A ┌ にんにく(すりおろす) … 1/2片
　│ 白ワイン … 小さじ1
　│ オリーブ油 … 大さじ1
　│ ローズマリー(生) … 1枝
　│ ローリエ … 1枚
　└ 塩・コショウ … 各少々

○作り方
1. 手羽先は関節部分を切り落とし(P.20参照)、さらに身を縦半分に包丁で切り分ける。
2. 1をAに20分ほど漬け込む。…*
3. 2の手羽先を取り出し、220度のオーブンで10分ほど焼く。

*…シンプルな味つけで鶏肉本来の旨みを味わうメニューの時は、ハーブの中でもしっかり香るローズマリーと一緒に料理するのがおすすめ。ローズマリーは香りが強いので、ドライの場合は小さじ1/3程度で十分。

76

夏のおもてなし

ザーサイ、にんにく、チリソース。暑さでちょっとダウンしている夏には、スパイシーな素材を取り入れた献立がおすすめです。この季節はどうしても冷たくしていただく料理ばかりを考えてしまいがちですが、食欲を刺激するパンチの効いた素材を上手に使い、バランスのいいメニューを組み合わせてみてください。もちろん、冷たい料理やデザートは、しっかり冷蔵庫で冷やしてからお出しできるよう、冷やす時間もちゃんと計算に入れて作りはじめましょう。お客様に一番おいしいタイミングで味わってもらうことは、心掛け次第でできるおもてなしの基本です。例えばここで紹介している冷ややっこは、器ごとしっかりと冷やし、お出しする直前にアツアツのトッ

ピングをのせてください。熱くて冷たいこの不思議な感覚は、夏のパーティにぴったりのサプライズになるはずです。

そして、ガラスの器などに盛りつけて涼しげなシーンを演出するのも、この季節ならではのおもてなしのひとつ。例えば夏の定番のスイカも、ひと口サイズに四角く切ってガラスの器に入れ、ミントの葉を飾ってみてください。たったこれだけでも、シャーベットのように涼しげな、しかも食べやすいおもてなし用のデザートになります。器に限らず、半透明の生春巻きや白玉団子、ツルンとした食感の餃子や豆腐というように、涼を意識して素材を選ぶことも、夏に合う料理はいろいろと思いつくものです。

ザーサイチャーハン

○材料(2人分)
ザーサイ(瓶詰)……約30g
卵……1個
ご飯……茶碗2杯分
白ごま……大さじ1/2
コショウ……少々
しょうゆ……大さじ1/2
サラダ油……適量
ごま油……適量

○作り方
1. ザーサイは粗みじんに刻んでおく。
2. 卵をボウルに割り入れ、ほぐしたら塩ひとつまみ(分量外)を加える。中華鍋にサラダ油をひき、ふんわり焼いて半熟の状態で取り出しておく。
3. ザーサイとご飯を混ぜ合わせる。
4. 熱した中華鍋にサラダ油をひき、3を入れてコショウを加えながら強火で炒める。
5. 4がパラパラの状態になったら2の卵を加えてざっと混ぜる。卵がかたくならないうちに鍋肌にしょうゆとごま油をまわしかけて香りをつけ、皿に盛り、白ごまをふる。

レタスと豚肉の生春巻き

○材料(4人分)
豚こま切れ肉……150g
レタス……4～5枚
きゅうり……1本
A ┌ 赤だし味噌……大さじ2
　│ 豆板醤……小さじ1/3
　│ 酒……大さじ1
　│ 砂糖……大さじ2
　│ しょうが汁……小さじ1
　└ ごま油……小さじ1 1/2
プチトマト……8個
生春巻きの皮……8枚
にら……8本
B ┌ ケチャップ……大さじ2
　│ ナンプラー(または
　│ しょうゆ)……小さじ1
　│ レモン汁……小さじ2
　└ タバスコ……少々

○作り方
1. 豚肉はさっと炒めたら火を止める。Aを加えしっかり絡めたら、再び加熱して味をつける。
2. レタスは太めのせん切りにする。
3. きゅうりはナナメ薄切りにする。
4. プチトマトは3枚に輪切りにする。
5. 生春巻きの皮を水で戻してやわらかくする。水気を拭いて、きゅうり、レタス、豚肉、トマトの順に重ねて巻き、にらを巻いて結び、皿に盛る。…*
6. Bでチリソースを作り、添える。

＊…皮は戻しすぎると破れるので注意。

78

黒ごまだんごの ココナッツミルクがけ

○材料(4人分)
白玉粉 …… 80g
すりごま(黒) …… 大さじ2
水 …… 約1/3カップ
タピオカ(乾燥) …… 15g
ココナッツミルク(缶詰) …… 1カップ
黒砂糖 …… 大さじ2
ミントの葉 …… 適宜

○作り方
1. 白玉粉にすりごまを加え、少しずつ水を入れながら練る。耳たぶぐらいのかたさになったらひと口サイズに丸め、沸騰した湯に入れて茹で、浮いてきたら冷水にとる。…*
2. タピオカは10分ほど(少し芯が残るくらい)茹でてザルにあげ、すすいでから水気をきる。
3. 水気をきった1と、2を器に盛る。ココナッツミルクをよく混ぜて加え、黒砂糖をかけ、ミントの葉を飾る。

*…茹でる前の丸めた白玉は、ラップの上に置いておくとくっつかない。

ガーリック じゃこのせ冷や奴

○材料(4人分)
豆腐(絹) …… 小1丁(約200g)
にんにく …… 1片
ちりめんじゃこ …… 20g
ごま油 …… 大さじ2〜3
コショウ …… 少々
しょうゆ …… 大さじ1/2

○作り方
1. 豆腐はふきんで包んだまま30分ほど冷蔵庫で冷やし、水気をしっかりきっておく。
2. にんにくはみじん切りにし、ちりめんじゃこと混ぜ合わせてごま油をかけておく。
3. フライパンで2をカリカリになるまで炒めてから、コショウを加え、しょうゆをまわしかける。
4. 1の豆腐を人数分に切り分けて器に盛り、熱々の3をのせる。

エビの水餃子

○材料(4人分)
豚ひき肉 …… 80g
エビ(ブラックタイガー) …… 4尾
しいたけ …… 2枚
しょうが …… 1/2片
白ねぎ(長ねぎ) …… 1/2本
餃子の皮 …… 16枚
塩・コショウ …… 各少々
A ┌ スープ
  │ ┌ 水 2 1/2カップ
  │ │ 鶏ガラスープの素 大さじ1/2
  │ │ しょうゆ …… 大さじ1
  └ └ ローリエ …… 1枚

○作り方
1. エビは殻を全部はずして背ワタを取り(P.26参照)、包丁でたたいてペースト状にする。
2. しいたけは石づきを切り落とし、しょうが、ねぎ(青い部分は除く)とともにみじん切りにし、塩・コショウを加えて1と豚肉と混ぜ合わせ、餃子の皮で包んでいく。…*
3. ねぎの青い部分をせん切りにする。
4. Aを沸騰させて2を入れ、餃子の皮が透き通ってきたら火を止める。
5. 器に盛り、3のねぎを散らす。

*…多めにできた時は冷凍を。焼き餃子にも蒸し餃子にもできる。

秋のおもてなし

さて、このお鍋のおもてなし、もう少しだけ華やかな雰囲気を出したいという時には、野菜の飾り切りを数枚添えてみてください。にんじんを薄い輪切りにして、スプーンでイチョウの葉型にカットするなど、飾り切りは意外と簡単。包丁を使わずにできるものもあり、子どもたちといっしょに準備をすることもできます。何気ないことですが、この小さなおもしかが加わると、いつものお鍋から、ちょっぴりよそ行きのおもてなしのお鍋へとガラリと雰囲気が変わります。さらに、お鍋ができあがるまでのオードブル、そして食後のデザートも用意しておけば、テーブルは一段とにぎやかになります。お鍋を囲むアットホームなひと時、前もってできることはしっかりと済ませておいて、お客様とともに着席したまま楽しんでくださいね。

冷たい風が吹き、木々の葉も少しずつ紅葉しはじめる頃、そろそろ恋しくなるのがお鍋ですよね。きのこや果物などの実り多き秋は、根菜類も日ごとにおいしくなってくる季節。にんじんや大根、しいたけなど、野菜をたっぷりいただけるお鍋でのおもてなしはいかがでしょう?

お鍋のいいところは、目の前で作りながらアツアツを食べられるということ。ぐつぐつ煮えるお鍋からは温かい湯気とおいしそうな匂いが漂い、いただくまでの時間もワクワクします。ここでは鶏だんごのお鍋を紹介しますが、根菜類は火が通りやすいようにせん切りにしておく、鶏だんごは前もってさっとだし汁にくぐらせておく……。このように、準備でひと手間かけておくだけで、野菜もお肉もすべての具材が同じタイミングでいただけます。

81

鶏だんごの味噌鍋

○材料(4人分)
鶏ひき肉 …… 250g
九条ねぎ(青ねぎ) …… 1本
大根 …… 約8cm
にんじん … 1本　しいたけ … 4個
えのき …… 1/2パック(約100g)
しめじ …… 1パック(約100g)
豆腐(木綿) … 大1丁(約300g)
水菜 …… 1/2束
だし汁 …… 5〜6カップ
味噌 …… 大さじ7〜8
練りごま(白) …… 大さじ1〜2
みりん …… 大さじ2
A ┌ しょうが汁 … 大さじ1
　├ 卵 …… 1/2個
　└ 塩・コショウ … 各少々

○作り方
1. ねぎはみじん切りにする。
2. 鶏肉に1とAを加え、粘り気が出るようにゴムベラなどで混ぜ合わせる。ふわふわになったら、スプーン2本を使って3cmぐらいのだんご状に丸め、土鍋にだし汁を沸騰させてさっとくぐらせ、表面がかたくなったら皿に取り出す。だし汁のアクをすくい、火を止める。…*
3. にんじんは数枚をイチョウ型に切り、残りは大根とともに長さ8cmのせん切りにして皿に盛る。…**
4. しいたけは軸を切り落とし、かさに飾り切りをして皿に盛る。…***
5. えのきとしめじは石づきを切り落とし、小房に分けて皿に盛る。
6. 豆腐は3cm角に切り、水菜は8cmに切り揃えて皿に盛る。
7. 2の土鍋に味噌、練りごま、みりんを加え強火にし、煮立ったら2〜6の具材を加え、火が通ったら器によそう。

*…鶏肉はスプーン2本を交互に重ねながら丸くしていく。

**…にんじんは薄く輪切りにして皮をむきスプーンでイチョウ型にする。

切り込みを入れる
スプーンで切る

***…しいたけのかさに包丁で飾り切りをする。
左右から包丁を入れる

秋なすのひと口田楽

○材料（4人分）
なす …… 2本
みりん …… 大さじ1
はちみつ …… 大さじ2
黒ごま …… 適宜
白ごま …… 適宜

A ┌ 白味噌 …… 大さじ1
　├ 白練りごま（無糖）
　└ …… 大さじ1

B ┌ 赤だし味噌 …… 大さじ1
　├ 黒練りごま（無糖）
　└ …… 大さじ1

○作り方
1. なすは幅2cmくらいの輪切りにし、片面に隠し包丁（十文字の切り込み）を入れて水にさらし、アク抜きをする。
2. みりんとはちみつはそれぞれ半量ずつAとBに加え、2種類の田楽味噌を作る。…*
3. なすの水をしっかりきり、隠し包丁を入れた面に2をたっぷり塗り、180度のオーブンで10分ほど焼く。…**
4. Aには黒ごまを、Bには白ごまを飾り、盛りつける。

*…はちみつを使うと風味がよくなる。なければ砂糖で代用を。
**…トースターでも、アルミ箔をかぶせて10分ほど加熱すれば同じようにできる。

さつまいもとりんご ジンジャーソース

○材料（4人分）
さつまいも … 1本（約400g）
りんご …… 1個
卵（卵黄と卵白に分ける）… 1個
砂糖 …… 大さじ4
バター …… 20g
シナモン …… 少々
サラダ油 …… 適量
黒ごま …… 適量

A ┌ しょうが汁 … 大さじ1/2
　└ 砂糖 …… 大さじ1

○作り方
1. さつまいもは輪切りにし、皮をむいて茹で、粉ふきにする（P.10参照）。熱いうちに砂糖とバターを加え、マッシャーでつぶしながら混ぜていく。冷めたらシナモンと卵白を加え、さらになめらかになるまで混ぜ合わせる。
2. りんごは皮をむいて1cmの角切りにし、耐熱ボウルに入れる。Aを加え、むいた皮もいっしょに入れてラップで蓋をする。電子レンジで加熱（700wで3分ほど）したら、一度かき混ぜ、さらに加熱（3分ほど）し、やわらかくする。冷めたら皮だけ取り出す。…*
3. 耐熱の器の内側にサラダ油をぬり、1を入れ表面に卵黄をぬる。黒ごまをふり180度のオーブンで10分ほど焼く。
4. 3を切り分けて器に盛り、2のりんごを添える。

*…りんごの皮をいっしょに入れると、ほんのりピンク色になる。

84

冬のおもてなし

クリスマスにお正月に、冬は何かと人をお招きすることが多い季節です。ここではクリスマスを意識した献立にしていますが、紹介しているローストビーフ＆サラダなどは、例えば飾りのサンキライをナンテンに、パプリカを金時にんじんに替えるだけで、和風のおもてなしにも使えます。そう、料理のイメージは盛りつけや飾りつけで、全く違ったものに見せることができるのです。

そこで、注目していただきたいのが、このメイン料理を盛りつけている白の大きな角皿。四角いシンプルな形は、和のシーンにも洋のシーンにもなじみ、白色ならソースの赤もサラダの緑も映えます。さらに、料理をふたつに分けてシンメトリーに盛りつけたり、オードブルのようなひと口サイズをきれいに配列したり、まるでキャンバスに絵を描くように、自在に盛りつけを楽しめます。一枚あれば、どんなおもてなしのシーンにも大いに役立つ、そんな頼もしいお皿です。

さて、ローストビーフのように、華のあるメイン料理にしっかりと取り組む時は、その他のメニューは普段のものを合わせることをおすすめします。いつもの料理をちょっとだけパーティ用に仕上げるだけでも、立派なおもてなし料理になるものです。ゴロンと大きなコロッケはひと口サイズの俵型に、いつもはカップで作るプリンは大きな陶器の器に……。何回も作って慣れている得意料理なら、自信を持って手早く作れるはずです。そして、こういう普段の味わいで大事なお客様を喜ばせることができたなら、これこそ、最高のおもてなしになるのではないでしょうか。

ローストビーフ

○材料(4人分)
牛かたまり肉(モモ) … 400g
塩・コショウ … 各少々
ナツメグ … 少々
オリーブ油 … 小さじ1
にんにく … 1片

A ┃ しょうゆ … 大さじ1
　┃ 赤ワイン … 大さじ1
　┃ ケチャップ … 大さじ2
　┃ マスタード(粒なし)
　┃ 　… 小さじ½

○作り方
1. 牛肉は塩・コショウとナツメグをもみ込み、全体をぐるぐるとたこ糸でしばってから、表面にオリーブ油とにんにく(2等分して切り口をあてる)を塗り込む。…*
2. 熱したフライパンに1を入れ強火で焼き、表面に焦げ目をつけたらオーブンシートを敷いた天板に移し、220度のオーブンで10分、さらに180度にして10分ほど焼く。
3. アルミ箔で肉をきっちり包み(あとで肉汁がこぼれないように)、15分ほどおいておく。
4. 天板の肉汁と3のアルミ箔にたまった肉汁を鍋に移す。1のにんにくとAを加え、とろみがつくまで火にかけ、ソースができたらにんにくを取り出す。
5. たこ糸をほどき、薄く切り分け皿に盛り、4をかける。

アルミ泊の端を上に向ける

*…牛肉は右図のようにたこ糸でしばると、形がくずれない。
(真上) (拡大図) ほどけないようにする

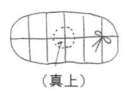

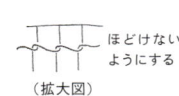

春菊のサラダ

○材料(4人分)
春菊(葉) … 1束分
玉ねぎ … ¼個
パルメザンチーズ(固形)
　… 15g
赤パプリカ … ¼個

A ┃ オリーブ油 … 大さじ2
　┃ レモン汁 … 大さじ½
　┃ マスタード(粒なし)
　┃ 　… 小さじ1
　┃ 塩・コショウ … 各少々

○作り方
1. 春菊は葉先だけを手でちぎり、水にさらす。…*
2. 玉ねぎは輪になるように薄くスライスして水にさらす。
3. チーズはピーラーで削る。
4. 赤パプリカは縦に細く切り、水にさらす。
5. Aを泡立て器などでしっかり混ぜ合わせてドレッシングを作る。
6. 春菊、玉ねぎ、赤パプリカはしっかり水気をきり、チーズと5といっしょに軽く混ぜて器に盛る。

*…残った春菊の茎は、味噌汁やお吸い物などに活用して!

カスタードプリン

○材料（4人分、プリン型6個分）
卵 … 2個　　砂糖 … 大さじ3
牛乳 … 350cc
バニラエッセンス …… 少々
バナナ … 1本　　バター …… 適量
くるみ（軽くから煎りする）… 大さじ2程度
カラメルソース … 砂糖 大さじ4 + 水 適量

○作り方
1. 鍋に卵と砂糖を入れて泡立て器でしっかり混ぜ合わせ、牛乳とバニラエッセンスを加える。ごく弱火にし、ゴムベラなどで鍋底からゆっくり混ぜながら2分ほど温め、火を止める。
2. 1を茶こしなどでこしながら泡が入らないようにゆっくり器に流し込む。
3. 鍋にふきんを敷き、ふきんがつかる程度の水を入れ、沸騰させる。…*
4. 3に2を器ごと入れ、蓋をして弱火で20〜25分ほど蒸す。串を刺して黄色い卵液が出なければ火を止め、粗熱を取り冷蔵庫で冷やす。
5. 乾いた鍋にカラメルソース用の砂糖を入れ、強火にかける。砂糖が溶け出しうっすら茶色くなってきたら、ごく少量ずつ水を加え、鍋をまわしながらゆるめにとろみをつける。…**
6. バナナは輪切りにして、バターをひいたフライパンで表面を軽く焼く。
7. 5が冷めたら4にかけ、6のバナナとくるみを飾る。

*…蒸している時にカタカタ音がしない。
**…煮詰め過ぎないように！ ゆるいまましばらくおいて冷ましておくととろみがつく。

小かぶとしいたけのスープ煮

○材料（4人分）
小かぶ …… 2個
しいたけ …… 4個

A ┬ スープ
　├ 水 3カップ
　├ 固形コンソメ ½個
　├ 白ワイン …… 大さじ½
　├ 塩 …… 小さじ1
　├ コショウ …… 少々
　├ にんにく …… 1片
　└ ローリエ …… 1枚

○作り方
1. かぶは茎の部分を2cmほど残して葉を切り落とす。皮をむき、茎ごと縦8等分に切る。…*
2. しいたけは石づきを切り落とし、4等分にする。
3. 鍋にかぶとAを入れて煮立たせ、かぶにすっと串が通るくらいやわらかくなったら、しいたけを加える。さらに5分ほど煮てからにんにくを取り除き、器に盛る。

*…茎の隙間についた土は、水を張ったボウルの中で爪楊枝などを使って取り除く。

カニクリームコロッケ

○材料（4人分）
じゃがいも（中）…… 3個
小麦粉 …… 適量
卵（溶き卵）…… 1個
パン粉 …… 適量
揚げ油 …… 適量（コロッケが半分以上つかる程度）

A ┬ 生クリーム …… 50cc
　├ カニ身 …… 80g
　├ クリームコーン（缶詰）…… 150g
　├ 塩・コショウ … 各少々
　└ パセリ（みじん切り）…… 大さじ1

○作り方
1. じゃがいもは皮ごと4つに切り、電子レンジでやわらかくして皮をむき（P.74参照）、マッシャーなどでしっかりつぶしてなめらかにする。
2. 1の粗熱がとれたらAを混ぜ合わせて12等分し、俵型にする。…*
3. 2に小麦粉、溶き卵、パン粉の順で衣をしっかりつけて、転がしながら、キツネ色になるまで中火で揚げる。…**
4. 皿に盛り、好みでパセリを添える。

*…カニ身の缶詰を使う場合は水分を軽くしぼってからAに加える。
**…フォークで卵をつけると簡単にできる。揚げ時間が長すぎると中のクリームが揚げ油に溶け出てくるので要注意！

教室トーク その4
毎日活躍のキッチングッズ

毎日使う調理道具や台所用品。どんな些細なものでも使い心地は大切ですよね。そして、使いこなせること、ちゃんと役に立つことが何よりも重要です。

とにかく道具は"使ってこそ"。巷には情報があふれ、多種多様な道具が流通していますが、使わないものは必要ありません。それよりも、今ある道具を見直してみてください。決まった使い方にとらわれずに試してみると、何役もこなす便利な道具が意外とたくさんあるものです。

例えばゴムベラ。やわらかいものを炒める時も、ペースト状のものをこそげ取る時も、フライ返しより、菜箸より、スプーンより、ずっとずっと手早く上手にできることを発見しました。お菓子作りの時だけでなく、煮魚をお皿に盛りつけたり、ハンバーグをひっくり返したり、ごはん作りにも大いに役立つ道具なのです！

というのも私自身、子育てに仕事にと

出番の多い道具

特別ではなくどこの家にでもあり、いろいろな場面に使える道具。
この本のなかでも度々登場していますが、ここではぜひおすすめしたい道具を5つ選び、
便利な使い方の例も盛り込みながら紹介します。

かすとり網
フライや天ぷらのかす取り網ですが、野菜を湯通しする時や、細かいものをすくう時も便利。かつお節などは細かい網目がすっと一度にとらえ、捨てる時もスムーズです（写真は参考商品）。

泡立て器
その名の通り泡立て用にも使いますが、マッシャーとしても大活躍！ ステンレスで丈夫なものを選んでください。手早くしっかり混ぜたい時にも使えます（写真は参考商品）。

耐熱のゴムベラ
お菓子作りの道具で知られていますが、ごはん作りにも便利。よくしなり、鍋にも素材にもぴたりとそうのでやわらかいものを扱う時に使ってください（写真は「ウィズ シリコンゴムヘラ」タイガークラウン）。

フォーク
食べる時だけでなく、作る時も役に立つのがステンレスのフォーク。素材をつぶしたり、混ぜたり、突き刺したり……。ディナーフォークはいろいろなシーンで活躍します（写真は参考商品）。

例えば…花かつおや混合だしなどのだしがらをすくいあげる、三つ葉をさっと茹でるなど。

例えば…豆腐をつぶす、梅干しをペースト状にする、ドレッシングを混ぜるなど。

例えば…ハンバーグをひっくり返す、煮魚を皿に盛る、白和えを鉢に移す、麻婆豆腐を混ぜるなど。

例えば…揚げ物の卵を絡ませる、卵を混ぜる、いもをつぶす、皮むきの時にトマトを突き刺すなど。

にと、これまでもごはん作りにだけたっぷりと時間をかけられる、そんな生活スタイルではありませんでした。できるだけ短時間に、できるだけ簡単にと、あれこれ試してきたものです。何の変哲もない道具の新たな使い道の発見は、そんな私のバタバタした日常の賜物といったところでしょうか。

ここでは、皆さんの家にもある一般的な道具からいくつか選び、それらの便利な使い方を紹介します。どれも、料理教室の生徒さんを「なるほど！」と唸らせ、お墨付きをいただいた使い方ばかりです。

さて、便利な道具も必要になくてはならないものがもうひとつあります。エプロンです。疲れていても、機嫌が悪くても、エプロンをキュッと結んだら、さあ、おいしいごはん作るぞ！という気持ちに切り替わる。エプロンは、私の料理スイッチをオンにしてくれる、大切な相方です。

頼れる台所用品

おしゃれなだけではなく、安心して使える素材を選んでください。ふきんやエプロンなどは毎日使うので、意外と存在感も大きいもの。お気に入りの色やデザインを揃えて、料理の時間を楽しくしましょう。

ふきん

野菜や豆腐の水きり、お皿を拭く時などに使うふきんは、繊維がつきにくいリネン（麻もの）やレーヨンがおすすめ。吸水力に優れ乾きやすいので、カビが発生しにくく、洗えばシミや汚れも落ちやすい素材です（写真は右：「ハーフリネンキッチンクロス」fog　中：「白雪ふきん」垣谷繊維　左：参考商品／日東紡フキン）。

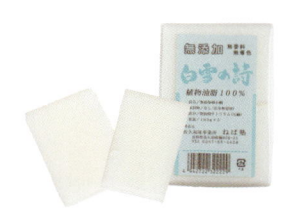

食器洗い

石けんは天然成分で作られていて、手荒れの心配もなく環境にもいいものを使いましょう。固形タイプなら液状のものより無駄使いも少ないので、教室でも家でも固形を使っています（写真は「白雪の詩」ねば塾）。

扱い方のアドバイス！

よく熱してから使えばくっつきません。使い終わったら洗剤を使わずタワシで洗い、火にかけて水分を飛ばして、冷めてから収納を。焦げたら水を入れて沸騰させ、焦げをこそげ落としましょう。＊新品は、はじめに空焼きをして（強火で5〜6分真っ黒になるまで焼く）、冷めたら、金属タワシとクレンザーで表面についた錆止め用の塗料を洗い流してから使用しましょう。

鉄のフライパン

耐久性がある一生もののフライパン。使うほどに油がなじんで扱いやすくなり、どんな調理にも使えます（酸味のあるものを煮込む時以外）。自然に鉄分も摂取できます（写真は「26cmフライパン」赤川器物製作所）。

例えば…焼く、炒めるはもちろん、揚げ物や煮魚にも使える。

エプロン

お気に入りのものが一番ですが、ギャルソンタイプより、動きやすくシンプルなフルエプロンがおすすめです。洗ってもパンと伸ばして干せばノーアイロンでも気にならない、そんなリネンなどのエプロンを愛用しています（写真は右：「フルエプロン」ALDIN　左：「リネンフルエプロン」fog）。

89

スペシャルレッスン
サラダ編

お肉、魚介、卵にお豆……。
例えばデパ地下のガラスケースに
ずらりと並んだサラダのように、
旬の野菜と多彩な素材を取り混ぜて
色鮮やかなお手製サラダ、作りませんか？
教室で人気の8つのレシピとともに、
切り方で変わる野菜のことや
ささっと作れるドレッシングの話など、
盛りだくさんの特別レッスン、サラダ編です。

「いつも同じサラダになってしまう」。「子どもが野菜を食べてくれない」。これは生徒さんからよく聞くお話です。旬の野菜をたっぷりいただけるサラダは毎日食卓に登場させたいものですが、見た目や味にどう変化をつければいいかと、皆さん悩んでいるようです。

まずは何種類もの野菜や高級な食材を使う前に、野菜の切り方を工夫してみてください。例えばサラダの定番材料、きゅうり。皮をむき縦長にまわし切りにして混ぜ込んだサラダと、さいの目切りにして上から散らしたサラダでは、見た目も食感も全く違ってきます。

次に味つけはどうでしょう？ もしかして、どんなサラダにも同じドレッシングを使っていませんか？ おすすめしたいのは、素材に合わせてサラダといっしょにさっと作る、そう、その場で作る簡単ドレッシングです。サラダ油、オリーブ油、ごま油など好みのオイルをベースに、酸味は酢やレモンで。塩やしょうゆやナンプラーなどを混ぜたらできあがりです。さらにお味噌やハーブなどを加えてアレンジすれば、市販のものをあれこれ

買い揃えるより、いくつものバリエーションを手軽に味わえます。ただし、もちろん主役は野菜。野菜本来の風味や味が楽しめるサラダに仕上げてくださいね。

切り方を変え、盛りつけを変え、旬の野菜を食べること。これは、私自身の日々の課題でもあります。レリッシュも自

水は油をはじくので、野菜の水分はしっかりきり、少量のドレッシングでも味がなじむようにしましょう。サラダスピナーは簡単に水きりができ、水を張ればボウル代わりにも使えます。

大山崎で農業を営む小泉さん（ense）の畑にて。毎週水曜日、朝に収穫した旬の野菜をレリッシュに卸してくれます。

90

自宅もあるここ大山崎は、田んぼや畑が残るのんびりした町です。私の家族も小さな畑で野菜作りをしていますが、当たり前ながらひとつの季節には同じ野菜がどっさりとできます。夏にはきゅうりやなすやトマトばかり。冬には大根や白菜やかぶばかり。これをどうやって、毎日、おいしく、飽きずに食べるかと、ずいぶん考えたものです。切り方やドレッシングで変化をつけるサラダレシピが誕生したのも、この畑の野菜たちがきっかけでした。

今、スーパーに行けば、一年中同じ野菜がきれいに並んでいます。ですが、自然のサイクルのなかで実り、色づいた、採れたての野菜は、たとえデコボコでもやっぱりおいしい！甘みがちゃんとあるのです。

レリッシュではオープン後まもなく、この町で営んでいる農家の方の野菜を販売するようになりました。週に一度、朝採り野菜が8〜10種類、店に並びます。うれしいことに今では、この野菜を目当てに毎週寄ってくださる常連さんも増えました。

皆さんの町に畑はないかもしれません。でも、ひょっとしたら、隣町では生産者が営む小さな市や販売所などがあるかもしれません。遠い町、遠い国から時間とお金をかけて運ばれたものより、なるべく近い場所で作られた野菜を、新鮮なうちに手に入れてもらえたらと願います。そして、その季節ならではの太陽を浴び、朝露にぬれた野菜をサラダにして、毎日もりもり食べてほしいのです。

きゅうりの切り方いろいろ

サラダによく登場するきゅうりのさまざまな切り方を紹介します。外側は濃く中は薄い緑色なので、盛りつけにも幅広く使えます。サラダ以外の料理にも、ぜひ試してみてください。

細かいさいの目切り。混ぜたり散らしたり、盛りつけで皿の縁を飾る時にも使える。

包丁で上から押さえてつぶし割る。手早くできて、素朴なメニューに合う。

ナナメ薄切りにしてからせん切りにし、両端に緑を残す。長細い素材と和える時に。

皮をむいて5〜6等分にし、縦に切って種をくり抜く。へこみに梅肉や味噌などをのせて！

ピーラーで縦縞に皮をむいてから乱切りに。手早くてきて彩りも美しい。

皮をむいて縦長にまわし切りにする。食感がやわらかく、味も染み込みやすい。

ピーラーで縦縞に皮をむいてから輪切りに。普通の輪切りより色合いに変化がつく。

サラダに合わせて手作りドレッシング

油、酸味、塩分の3つを合わせるだけで簡単に作れるドレッシング。季節の野菜やハーブなどを加えてオリジナルを作るのもおすすめです。油は生のまま使うので、香りのいいものを選んでください。

サラダ油で作る
酢＆しょうゆは定番の味。柚子の搾り汁や山椒の実を加えると、より和風な味わいになる。

オリーブ油で作る
レモンと塩で、何にでも合うシンプルな味わいに。バジルなどのハーブを混ぜると香りもいい。

ごま油で作る
酸味に酢を使ってしょうゆやナンプラーを合わせれば、中華風ドレッシングのできあがり。

サイコロまぐろのサラダ

蒸し鶏のサラダ

白菜マリネ

トマトとイカとセロリのサラダ

かぼちゃとチーズのサラダ

きゅうりとポテトのサラダ

水菜と豆腐の梅サラダ

小かぶとキドニー豆のサラダ

サイコロまぐろのサラダ

○材料(4人分)
まぐろ(刺身用) … 1さく(約200g)
サニーレタス …… 5〜6枚
玉ねぎ …… 1/2個
きゅうり …… 1本
ごま …… 適量
韓国のり …… 適宜

A ┌ 酢 …… 小さじ1
  │ しょうゆ …… 大さじ1 1/2
  │ 紹興酒 …… 小さじ1
  │ ごま油 …… 大さじ1 1/2
  │ コショウ …… 少々
  └ ラー油 …… 少々

○作り方
1. まぐろはさいの目に切る。
2. サニーレタスは手でちぎる。玉ねぎは薄くスライスする。きゅうりはピーラーで縦縞に皮をむき、幅2〜3mmの輪切りにする。すべていっしょに冷水にさらしておく。
3. Aにまぐろを絡め、10分ほどおく。
4. 2の水気をしっかりきって器に盛り、上に3をのせてごまと韓国のりを散らす。

蒸し鶏のサラダ

○材料(4人分)
鶏むね肉 …… 1枚
きゅうり …… 1本
酒 …… 大さじ1
ローリエ …… 1枚
カシューナッツ …… 適量
スプラウト …… 1パック

A ┌ 砂糖 …… 大さじ2〜3
  │ 塩 …… 小さじ1/2
  │ 酢 …… 大さじ2
  │ ごま油 …… 大さじ1
  └ 豆板醤 …… 小さじ1/2

○作り方
1. きゅうりはピーラーで皮をむき、縦長の乱切りにして水にさらし、ザルにあげたら軽く塩(分量外)をふる。
2. 鶏肉は皮と脂を取り除き、そぎ切りにして耐熱皿に並べ酒をふる。ローリエをのせラップをして電子レンジで白くなるまで加熱し(700wで約3分)、冷めたらほぐす。
3. 1と2をAで絡めたら器に盛り、煎ったカシューナッツとスプラウトを散らす。

🏠 …皮はカリカリに炒め揚げにし、塩や山椒をふっておつまみに!

白菜マリネ

○材料(4人分)
白菜 …… 4〜6枚
ソフトサラミ …… 4枚
ロースハム …… 4枚
レモン(輪切り) …… 4〜5枚
イタリアンパセリ …… 適量

A ┌ うす口しょうゆ …… 小さじ1
  │ 酢 …… 大さじ1
  │ マスタード(粒) …… 小さじ1
  │ サラダ油 …… 大さじ2
  └ コショウ …… 少々

○作り方
1. 白菜は、葉先を手でちぎり、白い芯部分を縦に細切りし、ともに軽く塩(分量外)をふっておく。
2. ソフトサラミとロースハムは食べやすい大きさに切る。
3. Aをよく混ぜ合わせ、マリネ液を作る。
4. 1の白菜をしぼって水気をきり、2とともに3に15〜20分漬け込む。
5. 器に盛り、レモンとイタリアンパセリを飾る。

トマトとイカとセロリのサラダ

○材料(4人分)
トマト(大) …… 2個
スルメイカ(胴のみ) …… 1杯
セロリ … 茎1/2本、葉 数枚
ローリエ …… 1枚

A ┌ しょうゆ …… 小さじ2
  │ しょうが汁 …… 小さじ1/2
  │ レモン汁 …… 小さじ1
  │ ごま油 …… 大さじ2
  └ コショウ …… 少々

○作り方
1. トマトは火であぶり、皮をむいて8つに切る(P.44参照)。
2. セロリの茎は筋を取り、ナナメ薄切りにする。軽く塩(分量外)をふり、しんなりさせておく。
3. イカはワタを取り出し、エンペラをひっぱって皮をむく(P.28参照)。幅5mmくらいの輪切りにしてローリエを加えた熱湯でさっと茹で、白っぽくなったらザルにあげる。
4. 1〜3をバランスよく器に盛り、Aを上からかけてセロリの葉を添える。

かぼちゃとチーズのサラダ

○材料(4人分)
かぼちゃ ……1/4個
クリームチーズ ……60g
レーズン ……30g
ブロッコリー ……1/4株
A [マヨネーズ ……大さじ3
　　酢 ……小さじ1
　　オリーブ油 ……大さじ1/2
　　塩・コショウ ……各少々
　　シナモン ……少々]

○作り方
1. かぼちゃは種を取り、大きめのひと口大に切る。耐熱皿に皮を下にして並べ、ラップをして電子レンジで加熱する(700wで約5分)。やわらかくなったらスプーンで皮から実をこそげ取ってつぶす。冷めたらAを加えて混ぜる。
2. クリームチーズは手でひと口大にちぎる。レーズンは少量の湯に5分ほどつけ、やわらかくなったら水気をしぼる。
3. ブロッコリーは鍋に塩(分量外)を入れて茹でた後、冷めたらしっかり水気を拭いておく。
4. 1と2を混ぜ合わせ、3のブロッコリーを加える。

🏠 …味を濃くする時は、マヨネーズだと油っぽくなるので酢を加えて!

きゅうりとポテトのサラダ

○材料(4人分)
きゅうり ……2本
じゃがいも(中) ……3個
ハム ……4枚
卵 ……1個
サラダ菜 ……4〜5枚
A [マヨネーズ ……大さじ3
　　オリーブ油 ……大さじ1/2
　　酢 ……小さじ1
　　マスタード(粒なし) ……小さじ1/4
　　塩・コショウ ……各少々]

○作り方
1. じゃがいもは皮をむきひと口大に切って茹でて粉ふきにする(P.10参照)。しっかりつぶして冷ましておく。
2. きゅうりは薄く輪切りにし、水にくぐらせ軽く塩(分量外)をふり、しばらくおいて水気をしぼる。ハムは細切りにする。
3. 卵は耐熱ボウルに割り入れ、白身を切るように混ぜ、ラップをして電子レンジで加熱し(700wで約30秒)、フォークなどでつぶす。
4. じゃがいもにAをしっかりと混ぜ合わせてから、2を和える。皿に敷いたサラダ菜の上に盛りつけ、卵を散らす。

🏠 …マヨネーズは酸味が飛ばないように、具材が冷めてから混ぜる。

水菜と豆腐の梅サラダ

○材料(4人分)
水菜 ……1/2束
豆腐(絹) ……1/2丁(約200g)
大根 ……3〜4cm
にんじん ……1/3本
かつおぶし ……適宜
A [梅干し(赤しそ漬け) ……1個(つぶしておく)
　　梅酢(梅干しの漬け汁) ……大さじ1
　　しょうゆ ……小さじ1
　　みりん ……小さじ1
　　サラダ油 ……大さじ2 1/2
　　コショウ ……少々]

○作り方
1. 水菜は長さ4〜5cmに切り、大根とにんじんは長さ3〜4cmのせん切りにし、それぞれ冷水にさらしておく。
2. 豆腐はふきんで10分ほど包み、しっかり水気をきる。
3. 1の水気をしっかりきり、Aの半量分で和えて器に盛る。
4. 2をちぎって散らし、残りのAとかつおぶしをかける。

🏠 …梅酢がない場合は、酢でもできます。

小かぶとキドニー豆のサラダ

○材料(4人分)
小かぶ ……2個
キドニー(金時豆) ……1缶(約120g)
赤玉ねぎ ……1/4個
ローリエ ……1枚
スプラウト(レッドキャベツ) ……1/2パック
A [オリーブ油 ……大さじ2
　　レモン汁 ……小さじ1
　　塩・コショウ ……各少々]

○作り方
1. 小かぶは葉を切り落とし、皮をむいて8等分にして薄切りにする。葉(5〜6枚)は細かく手でちぎる。茎は小口切りにして塩(分量外)でもみ、洗った後しぼっておく。
2. キドニーはローリエを入れた湯でさっと湯通しする。
3. 赤玉ねぎはみじん切りにする。
4. 1〜3をAで和えて器に盛り、スプラウトを散らす。

🏠 …小かぶの残りの葉はみじん切りにして塩でもみ、ごまやちりめんじゃこと和えてごはんのともに!

スペシャルレッスン
アレンジご飯編

お米のおいしさやたくさんの優れた点を
もっともっと伝えていきたい……。
ここでは私たちの主食であるお米の話と
ご飯が主役の定番メニューをお届けします。
紹介するレシピには
いろいろな場面に役立つように
生徒さんにも好評のコツや技を盛り込みました。
いつもの食卓に変化をつけたい時、
余りご飯を使い切りたい時、
ぜひ参考にしてください。

私たちの主食であるお米。教室ではル・クルーゼの鍋で、家ではガス釜で炊いていますが、まずはどんな道具で炊くかということよりも、ガス火で炊くことをおすすめします。短時間で、しかもおいしく炊けるからです。今はパンや麺など、お米に代わるものを頻繁に食べるようになりました。もちろん私も食べます。ですが、お家の食卓というと、おかず、味噌汁、漬け物、そしてご飯という献立が浮かんでくるのではないでしょうか。

そもそも、ご飯には、卵やバターやお塩なども何も調合されていません。お米と水だけです。そして何の味もついてないからこそ、さまざまな料理といっしょに食べられます。塩気のあるもの、酸味のあるもの、甘辛いもの。お肉、野菜、海藻、お豆などなど。つまり、お米を主食にすると、一度にいろいろな味、いろいろな素材を食べられるので、自然とバランスのいい食生活につながるというわけです。さらに子どもの場合なら、ご飯と多彩な味や素材と出会うことが、味覚の形成に大きく関わってくると思うのです。

子どもといえば、私は以前、よく夕方におにぎりを作りました。働いていてどうしても

[鍋でご飯を炊く方法〜米3カップの場合〜]
1. といだ米3カップ、水3 1/4カップを鍋に入れ、30分ほどおく(1カップ=200cc)。
2. 蓋をして強火にし、沸騰したら弱火にする。火をつけてから13〜14分ほどで火を止める。
3. 15分ほど蒸らせばできあがり。
＊教室ではル・クルーゼの鋳物の鍋でご飯を炊いています。

このように、お米はどんな素材とも実に相性がよく、幾通りものアレンジができる優秀な素材です。次のページから紹介するレシピは、そんな特徴を生かした、お米が主役のメニューたちです。炊き込みご飯やちらし寿司、とろとろのおかゆにオムライス。「いつもより手間がかかりそう」「一度失敗してからは作っていない」という人にも改めてチャレンジしてほしかったので、あえて定番メニューを選んでみました。単品勝負ゆえ「上手にできなかったら……」と尻ごみしてしまう気持ちもわかります。そこで、寿司飯を作る時はご飯を蒸らさないことや、炊き込みご飯の具はお米と炊く前に炒めておくためのポイントも、レシピといっしょに紹介しています。
「こうすればよかったんですね！」「はじめておいしくできました！」と、教室で歓びの声が飛び交ったように、皆さんの食卓にも、笑顔が広がりますように……。

もちろん、子どものおやつだけでなく、おにぎりは昔も今も私の昼食にしょっちゅう登場しています。バタバタの朝、余りものの佃煮を入れたり、おじゃこを混ぜ込んだり、どんな素材と合わせても、ギュッとにぎってしまえば、あっという間に立派なおにぎり！

支度が間に合わず、子どもに小さなおにぎりを食べさせて夕食までつないでいたお米なら、添加物もない。お菓子に比べて糖分や脂肪分も少なく、添加物もない。それに、自分で作るおにぎりなら、量も具材も塩加減も自由に調節でき、温かいご飯さえあれば、さっと作れます。

炊きたてご飯で作る3色おにぎり

どんな具材でも温かいご飯に混ぜてにぎれば、おいしいおにぎりに！
ここではおやつ替わりにもよく作る、簡単おにぎりレシピを紹介します。

大根葉とじゃこのおにぎり

大根葉を小口に切って塩でもみ、ちりめんじゃこと白ごまとともにご飯に混ぜ入れてにぎる。

梅とかつおのおにぎり

梅干しをつぶしてペースト状にし、かつお節とともにご飯に混ぜ入れてにぎる。

わかめとごまのおにぎり

乾燥わかめを水でさっと湿らせて細かく切り、黒ごまとともにご飯に混ぜ入れてにぎる。

鰻ときゅうりのさっぱりちらし

鶏とごぼうの炊き込みご飯

水菜のサラダ寿司

トマトソースのドリア

枝豆ドライカレー

オムライス

鶏とごぼうの炊き込みご飯

○材料(4人分)
米……2カップ
鶏もも肉……1枚
ごぼう……½本
にんじん……¼本
しめじ……1パック
ごま油……適量
A ┌ だし汁……2カップ
  │ しょうゆ……大さじ2
  └ みりん……大さじ2

○作り方
1. 鶏肉はひと口大に切り、塩と酒(ともに分量外)をふる。熱したフライパンにごま油をひき、表面に焦げ目がつくくらいに炒めておく。…*
2. ごぼうは泥をきれいに洗い落してささがきにする。水にさらし、茶色くなったら水を替えてさらし、5分ほどアク抜きをしてからザルにあげる(P.32参照)。
3. にんじんは粗みじんに切り、ザルの中でさっと水洗いする。
4. しめじは洗わず石づきを切り落とし、小さく分ける。
5. 鍋(炊飯器)にAととぎだ米を入れ、1〜4を上にふわりとのせて普段と同じように炊き、器に盛る。

*…炊く前の下ごしらえ
鶏肉は、炊く前に炒めておくと旨みが凝縮する。中までしっかり火が通らなくても表面に焦げ目をつけるだけで、炊きあがった時に香ばしさが広がる。豚肉でも同様に。

水菜のサラダ寿司

○材料(4人分)
米……1½カップ
芽ひじき(乾燥)……大さじ2
にんじん……½本
れんこん……5cm
水菜……⅓束
ちくわ……1本
白ごま……適量
A ┌ 砂糖(上白糖)…大さじ4
  │ 塩……小さじ1
  └ 酢……大さじ4
B ┌ 砂糖……大さじ1½
  │ しょうゆ……大さじ1
  └ みりん……大さじ1

○作り方
1. 米は普通に炊き、蒸らさずにA(寿司酢)をまわしかけて寿司飯を作る。…*
2. ひじきは水で戻しておく。
3. にんじんとれんこんは皮をむき、小さめのさいの目切りにする。1〜2分ほど茹でたらザルにあげる。
4. 水菜は長さ1cmに切って軽く塩(分量外)をふり、しんなりしたら水気をしっかりしぼる。
5. ちくわは小さめのさいの目に切る。
6. 水気をきったひじきを鍋に入れ、Bを加えて6〜7分ほど焦げないように炒り煮にする。
7. 1に3〜6、白ごまを加えて混ぜ合わせ、器に盛る。

*…寿司飯の作り方
炊きたてのご飯をバットなどに移してこんもり山のように盛る。てっぺんから寿司酢(A)をかけたら山をくずすように広げて混ぜ、うちわで仰ぐ。湯気が飛んだらご飯を返して同様に仰ぐ。ご飯は蒸らさない方が寿司酢がなじむ。一気に熱を飛ばすとツヤツヤな寿司飯に!

鰻ときゅうりのさっぱりちらし

○材料（4人分）
米……2カップ
きゅうり……3本
しょうが……1片
うなぎの蒲焼……1尾分
卵……1個
A［ 砂糖（上白糖）……大さじ5
　 塩……小さじ1½
　 酢……大さじ5 ］

○作り方
1. 米は普通に炊く。
2. きゅうりは板ずりして薄く輪切りにする。水にくぐらせたら塩（分量外）をふり、出てきた水分をしぼった後、A（寿司酢）の大さじ1量をふりかけておく。
3. しょうがはせん切りにし、水にさらす。水気をきってAの大さじ½量に5分ほどつけておく。
4. うなぎは2cmの短冊状に切る。卵で錦糸卵を作る。…*
5. 炊きたてのご飯を大きめのボウルやバットに移して残りのAを混ぜ合わせ、寿司飯を作る（P.100参照）。
6. 5の粗熱がとれたら、2と3をしぼって水気を切り、4といっしょに混ぜ合わせる。
7. 器に盛り、錦糸卵を散らす。

セロリの中華風おかゆ

○材料（4人分）
米……1カップ
水……4〜5カップ
セロリ……1本
コーン（缶詰）……適量
白ごま……適量
A［ 砂糖……大さじ1
　 しょうゆ……大さじ1
　 紹興酒……小さじ1
　 ラー油……適量 ］

○作り方
1. 米はといでから鍋に入れて水を加える。蓋をして強火で炊きはじめ、煮立ったら弱火にする。途中、底が焦げつかないようにかき混ぜながら、トロトロになるまで30〜40分ほど炊く。…*
2. セロリは葉を切り落とし、長さ5cmの薄切りにして塩（分量外）をふる。しんなりしたらしぼってしっかり水気をきり、Aに15分ほど漬け込む。
3. 器にセロリの葉を敷いて1を盛り、2をのせてコーンと白ごまを散らす。

*…錦糸卵の作り方
卵は塩をひとつまみ加え、白身を切るようにしっかり混ぜ合せると、作るときに破れにくい。油をひき熱したフライパンに一気に流し入れ、フライパンをまわしながらまんべんなく広げて火を止め、裏返して余熱で焼き上げる。冷めたらくるくると丸め、そのまま細切りすれば長くきれいな錦糸卵ができる。

*…おかゆの炊き方
ご飯からではなく、お米から炊くとぐっと甘みが出る。水の加減を途中で調節して、好みのかたさに仕上げたい。

枝豆ドライカレー

○材料(4人分)
ご飯 …… 茶碗2杯分
枝豆(実のみ) …… 約1カップ
じゃがいも …… 1個
なす … 1個　玉ねぎ … 1個
にんにく …… 1片
しょうが …… 1片
合びき肉 …… 100g
しょうゆ …… 小さじ1
卵 …… 4個
サラダ油 …… 適量

A ┌ カレー粉(缶) …… 大さじ1½
　├ 鶏ガラスープの素 … 小さじ½
　├ ケチャップ … 大さじ2
　├ オリーブ油 … 小さじ1
　├ 塩・コショウ …… 各少々
　└ ナツメグ …… 少々

○作り方
1. 枝豆は茹でて実を出し、薄皮がかたい場合ははずす。
2. 皮をむいたじゃがいもと、なすは1cm角のさいの目切りにし、両方とも5分ほど水にさらしてザルにあげる。…*
3. 玉ねぎ、にんにく、しょうがはみじん切りにする。熱したフライパンにオリーブ油(分量外)をひき、合びき肉といっしょに中火で炒める。肉に火が通ったら2を入れ、じゃがいもが透き通ってきたら一旦火を止め、Aを加える。全体にAが混ざったらご飯を加えて中火にする。
4. 3が混ざったら枝豆を加え、しょうゆを鍋肌にかけて香りをつけて火を止め、皿に盛る。
5. 熱したフライパンにサラダ油をひき、半熟の目玉焼きを作り、4にのせる。

***…炒めやすい具材の形**
じゃがいもやなすは枝豆と同じくらいの大きさのさいの目に切り揃えておくと、火が通りやすい。チャーハンなどの炒めご飯はフライパンがいっぱいになるので、具材を細かく切っておくと短時間でご飯と混ざり、炒めやすい。

トマトソースのドリア

○材料(4人分)
ご飯 …… 茶碗4杯分
合びき肉 …… 200g
にんにく …… ½片
玉ねぎ …… ½個
セロリ …… 10cm
エリンギ … 1パック
オリーブ油 …… 適量
塩・コショウ …… 各少々
ナツメグ …… 少々
バター …… 大さじ1
パセリ(みじん切り) … 適量
ピザ用チーズ …… 適量
バジル …… 適宜

A ┌ トマト(水煮) …… 1缶
　├ バジル(刻む) … 2～3枚
　├ ケチャップ … 大さじ2
　├ 赤ワイン …… ¼カップ
　├ 砂糖 …… 小さじ1
　├ ローリエ …… 1枚
　└ 固形ブイヨン …… 1個

○作り方
1. にんにく、玉ねぎ、セロリはみじん切りにする。
2. 厚手の鍋にオリーブ油をひき、1のにんにくと合びき肉を入れ、塩・コショウ、ナツメグを加えながら中火で炒める。
3. 2に玉ねぎとセロリを加えてさらに炒め、玉ねぎが透き通ってきたらAを加えて弱火で30分ほど煮詰める。…*
4. エリンギはさいの目切りにし、オリーブ油でさっと炒めて塩・コショウして3に加える。
5. ご飯にバターとパセリを混ぜ耐熱の器に入れる。4をかけてチーズをのせ、230℃のオーブンで焦げ目がつくまで10分ほど焼く。オーブンから取り出し、バジルを飾る。

***…トマトソースの作り方**
トマトソースは、焦げないように途中でゴムベラなどで底からかきまわしながら、弱火でしっかり煮詰めていく。余ったらパスタのソースとしても使える。

木の葉丼

○材料（4人分）
ご飯 …… 丼4杯分
玉ねぎ …… 1/2個
油揚げ …… 10cm×10cm
かまぼこ …… 1/3本
三つ葉 …… 5〜6本
卵 …… 4個
刻み海苔 …… 適量

A ┃ だし汁 …… 1 1/2カップ
　┃ 砂糖 …… 大さじ2
　┃ しょうゆ …… 大さじ3
　┃ みりん …… 大さじ3

○作り方
1. 玉ねぎは縦2等分にして薄くスライスする。
2. 油揚げは熱湯にくぐらせて油ぬきをし（P.46参照）細く切る。かまぼこは細く切る。
3. 三つ葉は長さ3cmに切る。
4. 玉ねぎとAをフライパンに入れ、煮立つまで蓋をして中火にする。玉ねぎがくたっとなったら油揚げとかまぼこを加え、煮汁が染み込むまでさらに弱火で5分ほど煮る。
5. 4に卵を溶いて加え、半分程度かたまったら火を止める。…*
6. 器にご飯を盛り、手早く5をのせ、海苔を散らし三つ葉を飾る。

*…トロトロ卵の作り方
卵はあまり溶きすぎないようにする。加熱したら箸などで混ぜすぎず、フライパンをゆらしながら半熟状態で火を止め、手早くご飯の上へ、すべらせるようにのせる。親子丼やカツ丼も同じ要領で。

オムライス

○材料（4人分）
ご飯（温かいもの）… 茶碗4杯分
玉ねぎ … 1/2個　ピーマン … 2個
ベーコン … 4枚　卵 … 8個
オリーブ油 …… 適量
塩・コショウ …… 各少々
ナツメグ … 少々　ケチャップ … 大さじ4
バター … 大さじ1　トマト … 1個

A ┃ ケチャップ …… 大さじ2
　┃ とんかつソース … 大さじ1
　┃ マスタード …… 小さじ1

○作り方
1. 玉ねぎとピーマンはみじん切りにし、ベーコンは1cm角に切る。熱したフライパンにオリーブ油をひき、塩・コショウ、ナツメグをふり、玉ねぎが透明になるまで炒める。
2. 1、ご飯、ケチャップ、バターをボウルに入れ混ぜ合わせる。
3. 別のボウルに卵を2個割り入れ、塩ひとつまみ（分量外）を加えてしっかり混ぜる。
4. フライパンにオリーブ油をひき、よく熱したら一気に3を流し入れる。軽く混ぜながら半分ぐらいかたまったら、一旦火を止め手早く2の1/4量をのせて、弱火にして包み込む。器に移してキッチンペーパーで形を整える。…*
5. 3〜4を繰り返し4人分のオムライスを作る。
6. トマトは皮をむき（P.44参照）、粗みじんに切る。Aといっしょに5分ほど混ぜながら中火にかけて、ソースを作る。
7. オムライスに6のソースをかけ、キャベツのせん切りとピーマンの輪切りなど好みの野菜を添える。

*…きれいな形の作り方
卵は熱したフライパンに一気に流し込み、気泡ができたらすぐ火を止める。ご飯を中央より少し手前にのせ、弱火にして半熟のうちに巻いていく。皿に移したあとはキッチンペーパーをかぶせ、手でやさしく形を整えて！

スペシャルレッスン
ごはんのとも編

「お漬け物、おいしいです！」
ぬかどこ作りの特別教室に参加してくれた
生徒さんのそんな報告を聞くたびに、
やった！と、いつもうれしくなります。
安心して食べられる
手作りのごはんのともは
常備しておくと重宝するもの。
毎日の食卓やお弁当に
自慢の脇役、添えましょう！

食卓のメインキャストではないけれど、隅っこにあるとうれしいもの……。昆布の佃煮、なすのぬか漬け、おじゃこの炊いたん。この、ちょこっとでもあると幸せな"ごはんのとも"がお家で作れたら、毎日の食生活がぐっと充実すると思いませんか？

こういう"ごはんのとも"こそどんどん手作りしてほしい……そんな思いで開催したら、とても反響があった人気の教室です。佃煮や漬け物といえば、市販のものも手軽に多彩に揃いますが、ひと袋全部食べきれずに多彩に揃いますが、ひと袋全部食べきれなかった経験はありませんか？味に飽きてしまったり、賞味期限が過ぎてしまったり……。自分で手作りするということは、無添加のものを、好みの分量だけ作れるということです。ごまを入れたり海苔を混ぜたり、アレンジも自由にできるうえ、だしをとった後の昆布や半端に余った鮭を活用するなど、無駄なく食材を使い切るための、とっておきの手段でもあるのです。

たくさん作って好みの容器にストックするのもいいでしょう。私自身は、気に入ってわざわざ購入した瓶もあれば、ジャムなどの空き瓶をきれいに洗って使うこともあります。が、どちらにしても、保存には透明のガラス容器をおすすめします。中身がひと目で分かり、匂いもつきにくい。おしゃれな瓶なら、そのまま食卓においてもいいですね。何より、ガラス瓶は何度も何度も繰り返し使うことができます。

特別な道具や材料が必要と思われがちですが、手間も時間もかかる大仕事と思われがちですが、手間も時間もかかる大仕事と思われがちですが、実はそんなことはありません。レリッシュでも年に数回、簡単な保存食の特別教室を開いたり、初夏にはぬかどこ作りの教室も開催しています。がんばり過ぎず、おいしくできる方法で、

だし用に使った昆布をコトコト煮れば、おいしい佃煮のできあがり（→P.108参照）。炊きたてのご飯に、冷やご飯のお茶漬けに、おにぎりに、味わい方はいろいろ。

さて、このお手製のごはんのともに、当然ですがどこにも賞味期限は表示されません。けれども、いつ、どんな材料で、どうやって作り、どんなふうに保存していたかは、全部自分が分かります。そう、自分で作ったものなら、きっとできると思うのです。食べるのも捨てるのも自分次第ということです。

ひと昔前までは、みんなそうやって、口に入れるものは自分たちで作り、色や臭いで食べる食べないを判断してきました。それは、食べものと向き合うたびに動物的なアンテナを働かせてきた証でしょう。便利なこの時代、そういうアンテナをピンとのばす機会はあまりないかもしれません。けれども、食べものを身体に取り入れることで生きている私たちにとっては、忘れてはならない大切なことのように思うのです。私は、このひと昔前の人が当たり前に身につけていた感覚が、最初から最後まで食べ物と向き合うこと、例えば佃煮を手作りしたりすることで、少しずつ目覚めてくるような気がします。

自分で食べるものを、自分で作ること……。温かいぬかどこに触れる時、お鍋で佃煮を煮詰める時、私は改めて、このシンプルなことの意味を考えてみたりするのです。

昆布、野菜、小魚、お肉……。さまざまな食材を、ひと手間かけてごはんのともに（→P.106〜109参照）。

ぬか漬け ぬかどこ&漬け物の作り方

○ぬかどこの材料

米ぬか ………… 1kg
粗塩 ………… 125g
湯 ………… 4〜5カップ
赤唐辛子(たかのつめ)
………… 1〜2本
昆布 ………… 10cm

○作り方

1. 米ぬかは耐熱ボウルに入れ、ラップをして電子レンジで加熱し(700wで1分ほど)、冷ましておく。大量にあるので何回かに分けて準備する(鍋などで炒める場合は焦げないように注意!)。…*
2. 別のボウルに熱湯を入れて塩を加えて完全に溶かし、常温になるまで冷ましておく。
3. ホウロウなどの漬物容器に1のぬかを移し、種を取った赤唐辛子と2〜3等分に切った昆布を加える。…**
4. 2の塩水を3に少しずつ入れ、空気を加えながら、味噌より少しかためになるように手でかき混ぜる。…***
5. ぬかの表面を平らにし、容器の内側をキッチンペーパーなどで丁寧に拭き取る。表面が乾かないように蓋をして、ひと晩寝かせる。…****
6. 翌日から捨て漬けを2〜3回繰り返す。
7. 好みの野菜の表面を塩で軽くもみ、ぬかの中にすっぽりと沈めて漬ける。…*****
8. 半日〜1日後、ぬかをしごいて野菜を取り出し、付着したぬかを洗い流して食べやすい大きさに切り、器に盛る。

捨て漬けをしてぬかりなく!!

捨て漬けとは、作りたてのぬかどこにクズ野菜(キャベツの一番外側の葉など)を1〜2日間漬けて、野菜の水分を染み込ませること。はじめに数回繰り返しておくと、ぬかがまろやかになります(捨て漬けは、クズ野菜がぬかにすっぽりかぶるように沈め、1〜2日後、野菜を取り出す時に空気を入れながらかき混ぜ、次の捨て漬け用のクズ野菜を漬ける)。

*…加熱して防虫効果を施し、冷ましておく。

**…ホウロウの容器は光を通さず、酸に強く、臭いもつきにくい。

***…手でギュッと握って水がしみ出たらOK。

****…容器の内側はカビが生えないようにきれいにしておく。

*****…なすを色よく仕上げるには、少量の焼きミョウバンを塩とともにもみ込むとよい。

🏠…陶器の壺は重たいので、家庭では冷蔵庫に収まるホウロウの容器がおすすめです。ぬかどこは寒いと発酵が進まないので、暖かい季節に作りましょう。夏野菜が漬けられる初夏に作るのがベストなタイミングです。

ぬかどこのお手入れ

［春〜夏］ 置き場所は常温で日陰の場所に。毎日朝晩かき混ぜるのが基本だが、旅行などで留守にする時は冷蔵庫で一時しのぎを。途中、ぬかが減ってきたら、ぬか（加熱したもの）と塩（ぬかの10分の1量）を加えて混ぜる。また、味が薄くなってきたら昆布を入れ替えるとよい。何度か漬けるうち、水が表面に浮き出てくることがあったら、表面に握りこぶしを押しあてて穴を開けて水を溜め、キッチンペーパーなどに吸い込ませて取り除く（予備のぬかも加熱して冷まし保存しておくとよい）。

［秋〜冬］ 寒い時期でも作れないことはないが、発酵が進まないので次のシーズンまで下記の方法でねかせておくのがおすすめ。
塩をたっぷり（ぬかの表面が5mmほどかぶるくらい）敷き詰めて、赤唐辛子を2〜3本のせる。蓋をして容器ごとビニール袋に入れ、密閉して暗所で保管する。次のシーズンは、使う前に上の塩を取り除き、ぬか（加熱したもの）を足してかき混ぜ、捨て漬けを2〜3回繰り返す（かなり塩辛くなっているので塩は加えなくてよい）。

しいたけ昆布

○作り方
1. 昆布はかたくしぼったふきんで表面を拭いて汚れをぬぐい、ハサミで2cm角に切る。…*
2. 鍋に昆布とさっと洗った干ししいたけを入れ、すっぽりつかるくらいの量まで水を注ぎ、半日ほどつけておく。途中、昆布がふくらんできて、水から出てしまうようなら、水を足して調節する。
3. しいたけを取り出し、石づきを切り落として、かさと軸は細切りにしておく。
4. 昆布を戻し汁ごと煮立てる。沸騰したら弱火にし、昆布がやわらかくなるまで煮る（50分くらいが目安。指でつまんでへこませてみて、破れるくらいがベスト）。水分が半量以下になったらAと3のしいたけを加え、途中、焦げないようにゴムベラなどで底からざっくり混ぜながら、さらに煮る。…**
5. 4の水分がなくなりかけたら、しょうゆとみりんを大さじ½ずつ（分量外）加え、大きくかき混ぜて水分を飛ばし、ツヤを出す。…***

○材料（作りやすい量）
昆布（乾燥／厚め）……60g
干ししいたけ……4～5枚
水……約3カップ

A ┌ 砂糖……大さじ2
　├ しょうゆ……⅓カップ
　├ 酒……大さじ2
　└ みりん……大さじ2

*…昆布がかたい場合は水で湿らせると切りやすい。
**…昆布の厚みで煮る時間が違ってくるので、指でつまんで確かめながら煮ていくとよい。
***…煮詰めすぎは昆布をかたくするので注意！

🏠…だしをとった後の昆布でも、干ししいたけの戻し汁を使えば大丈夫！しょうゆとみりんを少し増やして作るとおいしくできますよ。

鮭のふりかけ

○材料（作りやすい量）
塩鮭（中）……1切れ（約90g）
白ごま……適宜

○作り方
1. 塩鮭は焼いて冷ましておく。
2. 皮をはぎ取り、泡立て器などで細かく身をほぐす。
3. 骨を取り除き、白ごまを混ぜる。

梅干味噌

○材料（作りやすい量）
梅干し……3個

A ┌ 砂糖……大さじ2
　├ みりん……大さじ2
　└ 味噌……大さじ1

○作り方
1. 梅干しは種が入ったまま泡立て器でペースト状になるまでつぶす。…*
2. 1とAをよく混ぜ合わせ、種を取り除く。

*…梅干しは包丁でたたいてつぶすとまな板にくっついてしまいます。ボウルの中に入れて泡立て器でつぶすのがベスト！

おじゃこの佃煮

○材料(作りやすい量)
ちりめんじゃこ …… 50g
白ごま …… 適宜
A ┌ しょうが(せん切り)
　│　…… 1片
　│ 砂糖 …… 大さじ3
　│ しょうゆ …… 大さじ3
　│ 酒 …… 大さじ1
　│ みりん …… 大さじ1
　└ 水 …… 大さじ3

○作り方
1. 鍋にちりめんじゃことAを入れて軽く混ぜ合わせ、アルミ箔で落とし蓋をして、さらに鍋蓋をする。弱火で時々かき混ぜながら20分ほど煮る。
2. 水分がなくなりかけたら、白ごまをふり入れる。
3. 焦げつかないように、さらに水分を飛ばしてかき混ぜながら、黒っぽくツヤが出るまで3分ほど煮詰める。

🏠 …レタスや水菜など、葉物にざっくりと混ぜてごま油をかけてもおいしいです。

鶏そぼろ

○材料(作りやすい量)
鶏ひき肉 …… 100g
酒 …… 大さじ1
A ┌ 砂糖 …… 大さじ1
　│ しょうゆ …… 大さじ1
　│ みりん …… 大さじ1
　└ しょうが汁 …… 小さじ1

○作り方
1. 鶏肉は酒をふってほぐし、熱湯に入れて白っぽくなるまで1〜2分茹でる。ザルにあげてさっと水洗いし、脂とアクを洗い流す。…*
2. 鍋に1とAを入れて弱火にする。ゴムベラなどで寄せて、泡立て器でほぐし、ポロポロにしていく。これを繰り返しながら、汁がなくなるまで煮詰める。

*…鶏のひき肉は、茹でる前に酒をふってほぐしておくと、熱が加わった時にかたまりにくく、調理しやすい。

🏠 …脂分を取ってあるので、お弁当に入れて冷めてもかたまりません。茹で汁は捨てずに、こしてスープに活用を!(P.31参照)

ちりめん山椒

○材料(作りやすい量)
山椒の実 …… 大さじ1
ちりめんじゃこ …… 50g
しょうゆ …… 大さじ1
酒 …… 大さじ1
みりん …… 大さじ1
水 …… 大さじ2〜3

○作り方
1. 山椒の実は熱湯に入れ、10分ほど茹でる。
2. 1と材料全部を鍋に入れ軽く混ぜる。アルミ箔で落とし蓋をし、さらに鍋蓋をして弱火で蒸すように煮る。
3. 途中、焦げないように何度かやさしくかき混ぜながら、水分がなくなるまで15分ほど煮る。…*

*…山椒の実がつぶれないようにやさしくかき混ぜる。

🏠 …山椒の実が余ったら、茹でてからビニール袋に入れてしっかり空気を抜き、冷凍しておくと長持ちします。茹でた実を砕いてマヨネーズに混ぜても、おいしいソースになりますよ。

おわりに

私が暮らし、働くここ京都大山崎は、京都府の中で一番小さな町です。レリッシュの前には小さな古い駅があり、四季を感じさせてくれる天王山がそびえています。どことなく田舎の趣がありながら、生活には程よく便利な町です。

田んぼがあって川も流れているけれど、鶏を飼ってみたり、風車を立ててみたり、そんな徹底した自給自足は私にはできません。とても全ての食品添加物を排除して暮らしていける環境でもありません。でも、できるだけ添加物を排除し、旬の材料を選び、家族の食べる分を台所で作って食べ残しをなくし、不燃物を減らすことぐらいは続けていけるかなと思っています。

ある意味とても中途半端なライフスタイルのような気がするのですが、これが今の私の無理なく続けていけるスタイルなのだと、この大山崎に暮らしはじめて感じています。

生徒さんの言葉の中にはとてもうれしい言葉がいくつかあります。
「あのメニューはもうレシピを見なくても作れるようになりましたよ」とか「ごはん作るの楽しくなってきたわ」など、数え上げればキリがないくらいに。

生徒さんにレリッシュのレシピから生まれたアレンジメニューを教えてもらうこともあったり、習ったメニューで野菜嫌いの夫や子どもが食べられるようになったとか、育児サークルでレシピを利用されたとか、レッスンから生まれたエピソードはつきません。

便利になりすぎた今の時代だからこそ、あえて手作りを楽しみながら、毎日のごはんだけでも少しがんばってみませんか。

まずはレシピ通りに作っていただいて、味見をしながらご家族の好みや量を探り当て、それぞれの「我が家の定番メニュー」がこの本から生まれることを願っています。

でも無理は禁物ですよね。仕事で疲れた時、子育てでへこんだ時、そんな時には少し手抜きもありと割り切りましょう。不思議と味には気持ちが入ってしまいがち、がんばりすぎは続きませんから。

日々家族の健康を願いごはんを作る人にとっても、その食卓を一緒に囲む家族や友人たちにとっても、「うれしい食卓」が続きますように。そして小さな子どもが大人になった時「うれしい食卓」の思い出が記憶に残る、そんなお手伝いができるレリッシュでありたいと思います。

最後にこんな小さな料理教室の、こんなささやかな思いを本にしようと思ってくださったアノニマ・スタジオの丹治さん、田中さん、私の料理のよき理解者でもある取材・構成の山形さん、おいしそうに写真を撮ったあと「美味い！」といいながら試食してくれた福森さん、お料理が映えるデザインをしてくださった津村さん、ご縁をいただいた稲垣早苗さん、ありがとうございました。

そしていつもレリッシュの教室に通っていただいている生徒の皆さん、教室を開いてくださっている講師の方々、支えてくれたスタッフの八木さん、勢力さん、制作にあたりご協力いただいた全ての方々に心から感謝いたします。

本当にありがとうございました。

森かおる

森かおる

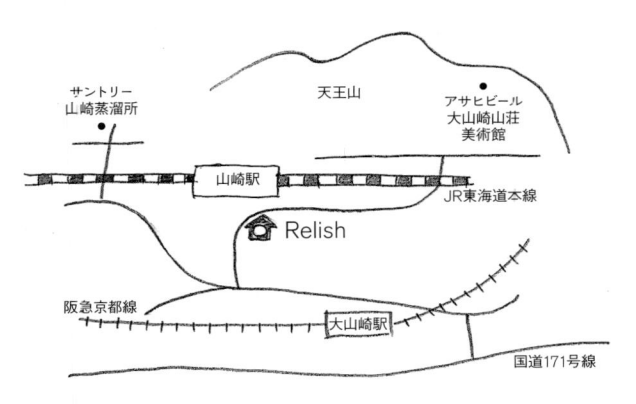

1963年京都生まれ。料理家・Relish（レリッシュ）主宰。料理好きは小学生の頃から。子ども服デザイナー時代にフランス家庭料理を学ぶ。出産、子育てを機に、毎日のごはんの大切さを実感し、若いお母さんたちに伝えていきたいと、自宅で料理教室をはじめる。2003年にレリッシュをオープン。月の半分は料理教室を開きながら、地元の学校や子育て関連のイベントに料理講師として参加するなど、幅広く活動。料理を通じてたくさんの笑顔に出会う日々を過ごしている。

Relish（レリッシュ）

生活雑貨店＋暮らしの教室。
器や調理道具など食に関するものをはじめ、布製品やアンティーク雑貨、アクセサリーなど生活まわりの品々を展示販売。料理教室の他にも、ソーイングやクラフトなど、さまざまな教室を定期開催している。
ひと昔前の駅前商店のような小さな子どもからお年寄りまでが集う場所を目指して、子育て世代の女性3人で奮闘中。

〒618-0071 京都府乙訓郡大山崎町大山崎西谷4-6-2F
TEL 075-953-1292
10:00〜18:00　月曜定休（祝日・10日は営業）
http://www.relish-style.com

料理・文・イラスト……森かおる
写真……福森クニヒロ
デザイン……津村正二、山本昌子
取材・構成……山形恭子
編集担当……田中正紘（アノニマ・スタジオ）
試作校正……中山智恵
製版設計……金子雅一、石川容子（凸版印刷）
印刷進行……藤井崇宏（凸版印刷）
用紙……奥秋真一（朝日紙業）
器協力……榎本稔（丹波篠山・仙童窯）
　　　　　4th-market

※本書に掲載している調味料や調理道具などの商品は2008年11月現在のものです。

アノニマ・スタジオは、風や光のささやきに耳をすまし、暮らしの中の小さな発見を大切にひろい集め、日々ささやかなよろこびを見つける人と一緒に本を作ってゆくスタジオです。遠くに住む友人から届いた手紙のように、何度も手にとって読みかえしたくなる本、その本があるだけで、自分の部屋があたたかく輝いて思えるような本を。

うれしい食卓
小さな町の料理教室 Relishのごはんレシピ

2008年11月13日　初版第1刷　発行

著者　　森かおる
編集人　丹治史彦
発行人　前田哲次
発行所　アノニマ・スタジオ
　　　　〒111-0051 東京都台東区蔵前2-14-14
　　　　電話 03-6699-1064
　　　　ファクス 03-6699-1070
　　　　http://www.anonima-studio.com
発売元　KTC中央出版
　　　　〒111-0051 東京都台東区蔵前2-14-14
印刷・製本　凸版印刷株式会社

ISBN978-4-87758-673-7 C2077
©2008 Kaoru Mori, Printed in Japan.

内容に関するお問い合わせ、ご注文などはすべて右記アノニマ・スタジオまでおねがいします。乱丁、落丁本はお取り替えいたします。本書の内容を無断で複製・複写・放送・データ配信などすることは、かたくお断りいたします。定価はカバーに表示してあります。